실무에 바로 쓰는 ─────

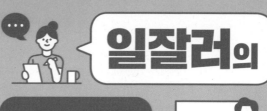

일잘러의

기획서

작성법

トッププレゼンターが教える「企画書とプレゼン」実践講座
Original Japanese title: TOP PRESENTER GA OSHIERU
'KIKAKUSHO TO PRESEN' JISSEN KOZA

Copyright ⓒ Ryo Sudo 2021

Original Japanese edition published by Nippon Jitsugyo Publishing Co., Ltd.
Korean translation rights arranged with Nippon Jitsugyo Publishing Co., Ltd.
through The English Agency (Japan) Ltd. and Danny Hong Agency

실무에 바로 쓰는
일잘러의 기획서 작성법

1쇄 발행 2022년 11월 1일
2쇄 발행 2023년 8월 30일

지은이 스도 료
옮긴이 구수영
펴낸이 장성두
펴낸곳 주식회사 제이펍

출판신고 2009년 11월 10일 제406-2009-000087호
주소 경기도 파주시 회동길 159 3층 / **전화** 070-8201-9010 / **팩스** 02-6280-0405
홈페이지 www.jpub.kr / **투고** submit@jpub.kr / **독자문의** help@jpub.kr / **교재문의** textbook@jpub.kr

소통기획부 김정준, 송찬수, 박재인, 배인혜, 나준섭, 이상복, 김은미, 송영화, 권유라
소통지원부 민지환, 이승환, 김정미, 서세원 / **디자인부** 이민숙, 최병찬

기획 배인혜 / **진행** 박재인 / **교정·교열** 박정수 / **내지 및 표지디자인** 다람쥐생활
용지 에스에이치페이퍼 / **인쇄** 한승인쇄 / **제본** 일진제책사

ISBN 979-11-92469-29-4 (13000)
값 18,500원

제이펍은 독자 여러분의 아이디어와 원고를 기다리고 있습니다. 책으로 펴내고자 하는 아이디어나 원고가 있는
분께서는 책의 간단한 개요와 차례, 구성과 지은이/옮긴이 약력 등을 메일(submit@jpub.kr)로 보내주세요.

실무에 바로 쓰는 ————

일잘러의

기획서

스도 료 지음
구수영 옮김

작성법

상사와 클라이언트를 사로잡는
효과적인 기획 & 프레젠테이션 노하우

Jpub
제이펍

들어가기

기획서와 프레젠테이션은 한 몸이다

제1장

잘 쓴 기획서는 어떻게 만들어질까?

제2장

기획을 정리하는 가장 효과적인 방법, 리본 프레임

제3장

리본 프레임을 응용한 기획 정리법
실전 연습

연습1 친구의 고민을 들어주는 기획

연습2 동네 서점의 부활을 위한 기획

제4장

알아두면 무조건 써먹는
기획서 작성의 실전 테크닉

제5장

기획서 작성 실전 연습:
동네 서점의 부활을 위한 기획서 만들기

제6장

기획서를 더욱 빛나게 하는 프레젠테이션

제7장

모두를 사로잡는 프레젠테이션 노하우

제8장

기획부터 프레젠테이션 원고까지
실전 연습

제1장

잘 쓴 기획서는 어떻게 만들어질까?

좋은 기획서는 애초에 출발선이 다릅니다. 기획서에 반드시 들어가야 하는 필수 요소들과 좋은 기획서의 특징을 알아보고, 기획의 핵심이자 가장 큰 밑바탕이 되는 아이디어 발상법에 대해 소개합니다.

제2장

기획을 정리하는 가장 효과적인 방법, 리본 프레임

일본의 한 대형 광고대행사에서 한때 플래닝 기법으로 활용한 리본 프레임은 간단하지만 어디에나 적용할 수 있는 매우 효과적인 기획 정리법입니다. 2장에서는 이 리본 프레임을 활용하여 기획 정리 과정을 알려드립니다.

제3장

리본 프레임을 응용한 기획 정리법 실전 연습

실제 사례에서 리본 프레임을 어떻게 적용할 수 있는지 알아볼까요? 우리 주변에서 볼 수 있는 흔한 사례를 들어 리본 프레임으로 기획을 정리하는 과정을 순서대로 연습해봅니다.

제4장

알아두면 무조건 써먹는 기획서 작성의 실전 테크닉

앞에서 기획을 정리해봤다면 이제 본격적으로 좋은 기획서를 만들어봅시다. 기획서는 내용뿐 아니라 페이지 구성도 중요합니다. 표지부터 폰트, 레이아웃, 도표 등 실전에서 바로 활용할 수 있는 구체적인 방법을 소개합니다.

제5장

기획서 작성 실전 연습

한 가지 사례를 들어 리본 프레임을 활용해 기획을 정리하고, 실제 기획서를 만드는 방법을 연습해봅니다. 이제 여러분의 다양한 기획서에도 얼마든지 직접 응용할 수 있게 될 겁니다.

제6장

기획서를 더욱 빛나게 하는 프레젠테이션

기획서만 완성했다고 끝나는 게 아니죠. 아직 프레젠테이션이 남아 있습니다. 열심히 쓴 기획서를 최대한 어필하려면 어떻게 해야 할까요? 상대를 설득하는 프레젠테이션의 핵심과 프레젠터의 마음가짐을 알아봅시다.

제7장

모두를 사로잡는 프레젠테이션 노하우

평소 프레젠테이션이 어렵게 느껴졌던 분이라면 7장에 주목해주세요. 효과적인 프레젠테이션을 위한 17가지 기술을 알려드립니다. 처음부터 프레젠테이션을 잘하는 사람은 별로 없습니다. 몇 가지 핵심만 기억하고 연습한다면 프레젠테이션 능력을 얼마든지 끌어올릴 수 있습니다.

제8장

기획부터 프레젠테이션 원고까지 실전 연습

2가지 사례를 들어서 기획부터 프레젠테이션까지 어떤 식으로 작업해나가는지 알기 쉽게 설명합니다. 프레젠테이션 원고가 포함된 기획서를 사용해 실전처럼 연습해보세요.

이 책의 목적이자 가장 큰 특징은 **3가지 기술을 동시에 얻을 수 있다는 점**에 있습니다.

첫 번째는 탄탄한 기획을 만드는 **전략 플래닝 기술**입니다. 기획의 알맹이, 즉 현상 분석과 그것을 바탕으로 전략과 제안 내용을 갈고닦는 부분입니다. 이를 통해 일관성 있고 설득력 있는 기획을 세울 수 있습니다. 제3장에서 이해하기 쉬운 연습을 2가지 도입해보았습니다.

두 번째는 **기획서 작성 기술**입니다. 탄탄한 기획을 문자와 도표로 제대로 표현하려면 기술이 필요합니다. 기획의 요점과 개념을 어떻게 기획서에 담아야 하는지만 알면 기획서 작성이 그렇게 어렵지는 않습니다. 그 작성 기술을 이 책에서 배울 수 있습니다. 이 부분도 전략 플래닝 기술과 이어진 주제로, 제5장에서 연습해봅니다.

세 번째는 **프레젠테이션 기술**입니다. 이 책에서는 화려하지 않지만, 위에서 말한 전략 플래닝과 기획서를 바탕으로 일관되고 탄탄하게 프레젠테이션하는 스킬을 배웁니다. 이 책의 바탕에 깔린 콘셉트는 '기획서와 프레젠테이션은 한 몸이다'입니다. 위의 3가지 기술은 각각 밀접하게 얽혀 있으며, **하나로 정리하여 몸에 익힘으로써 진정한 프레젠테이션 능력을 얻을 수 있습니다.**

저는 광고 대행 업계에서 마케팅 플래너로 반세기 가까이 일해왔습니다. 지금 생각해보면, 평생 '기획과 프레젠테이션' 일을 해왔다고 말해도 좋을 것 같습니다. 이렇게 오랫동안 일을 하다 보니 기획의 내용은 시대의 흐름에 따라 그때 그때 변해왔고, 프레젠테이션 방법도 컴퓨터나 파워포인트, Zoom 등 도구의 발전에 따라 변해왔지만, 그러는 동안에도 변하지 않은 것이 있음을 깨달았습니다.

그것은 **'어떻게 기획서를 만들고, 어떻게 프레젠테이션을 할까'**라는 기획을 전하는 **방법**입니다. 그래서 시대가 바뀌어도 달라지지 않을 그 방법에 대해 이 책에서 설명해보기로 했습니다. 그러기 위해 **'리본 프레임'**이라는 기법을 사용합니다. 리본 프레임이란 인간의 확산적 사고와 수렴적 사고를 기획 작업에 도입하는 프레임입니다. 덴쓰와 더불어 일본의 2대 광고대행사 중 하나인 하쿠호도가 한때 글로벌 관계사에 플래닝 기법으로 제시했던 것으로, 이 리본 프레임을 이용하면 매우 심플하면서도 효과적으로 기획서를 작성할 수 있었습니다.

저는 이 리본 프레임을 이용하여 전 세계에서 다양한 프레젠테이션을 진행해왔습니다. 그리고 거기에 제 나름의 연구 결과를 더하여 리본 프레임의 중심에 **'로직 3종 세트'**를 도입하는 구조로 개선했습니다. 기법을 업그레이드했다기보다는 본래의 리본 프레임 구조를 더욱 명확히 정립했다고 말하는 편이 정확할 것 같습니다. 그렇게 하자 기획서가 더욱 견고하고 설득력 있게 바뀌었습니다.

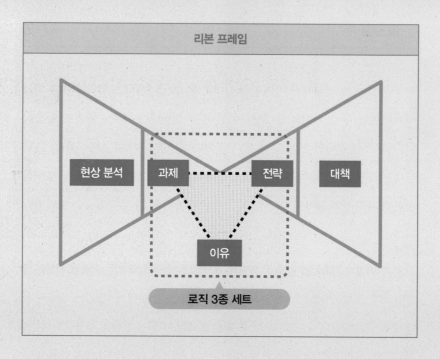

이 리본 프레임으로 기획서를 만들고 프레젠테이션을 하면 좋은 결과를 거둘 수 있다는 것이 이 책의 메시지입니다. 또한 이 책에서는 비즈니스의 다양한 사안에 대해 어떻게 대응하면 좋을지 여러 사례를 들어 설명합니다. 나아가 국내외에서 수백 번에 걸쳐 기획과 프레젠테이션을 해왔던 제 경험을 바탕으로 기획과 기획서, 프레젠테이션에 관한 힌트를 가능한 한 다양하고 구체적으로 열거했습니다.

이 책이 여러분의 성장과 하루하루의 업무에 도움이 되기를 바랍니다.

스도 료(須藤 亮) 드림

RIBBON
FRAME

들어가기

기획서와 프레젠테이션은 한 몸이다

1 기획 - 기획서 - 프레젠테이션은 하나의 흐름으로 이어진다

POINT 기획서가 있어야 프레젠테이션도 존재한다

요즘 세상은 프레젠테이션에 초점이 맞춰진 듯합니다. 구글 알리미에 '프레젠테이션'이라는 알림을 설정해두면 매일같이 프레젠테이션 관련 기사가 나오며, 비즈니스 서적 분야에서도 프레젠테이션과 관련된 책이 넘쳐납니다. 하지만 잘 생각해봅시다. **프레젠테이션은 마지막 퍼포먼스일 뿐, 그 전에 기획서가 없으면 프레젠테이션도 성립하지 않습니다.** 가령 세련된 프레젠테이션 기술을 몸에 익히고 있다 하더라도, 그 알맹이가 없으면 듣는 이에게는 공허한 울림일 뿐입니다.

이 책에서는 **기획서와 프레젠테이션을 한 몸으로 생각하고**, 첫 단계로 기획 작업에 들어가는 법과 정리하는 법, 두 번째로 기획서를 쓰는 법, 마지막으로 프레젠테이션하는 법을 순서대로 해설합니다. 또한 이 작업을 **하나의 흐름으로써 '리본 프레임'이라는 단순하고 알기 쉬운 기법을 활용해 풀어나갑니다.** 나아가 제 오랜 경험을 바탕으로 한 여러 힌트와 다양한 사례를 들어 실무에서 쉽게 활용할 수 있도록 구성했습니다. 따라서 이와 비슷한 업무가 발생했을 때는 물론, 작업이 수렁에 빠졌을 때도 작업 단계별 해설과 많은 사례를 참고하여 평소의 업무에 도움을 받을 수 있을 거라 믿습니다.

■ 기획에서 프레젠테이션까지 하나의 흐름으로 연결해본다

그런데 실제 업무에서는 기획서 작성과 프레젠테이션까지 전부 혼자서 하는 경우가 많지 않을 겁니다. 대부분 기획 작업이나 프레젠테이션은 협동 작업으로 진행합니다. 하지만 여러분이 아직 주니어 레벨이며 일부 업무밖에 담당하지 않는다고 해도, 기획 작업에 관여하고 있다면 평소 전체를 보는 눈을 기르는 일은 매우 중요합니다.

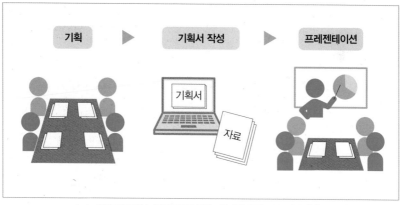

▲ 기획 · 기획서 · 프레젠테이션은 하나의 흐름으로 이어진다

전체를 보는 눈을 가지면, 작업을 하는 도중에 어딘가 허술하거나 논리적이지 않은 부분 등이 눈에 들어오며, 그 부분을 지적하거나 개선할 수 있습니다. 또한 시니어 매니저 등 프레젠테이션 전체를 총괄하는 사람이라면 더욱더 이런 시점을 가져야 합니다. 전체적인 작업 프레임을 보는 눈을 키움으로써 부하 직원이나 다른 부서 사람들에게 적확한 지시를 할 수 있습니다.

그리고 **만약 기획서와 프레젠테이션 모두 자신이 관장할 기회가 생긴다면 적극적으로 도전해보기 바랍니다.** 이 책을 통해 몸에 익힌 기술이 그 과정에서 가장 가치를 발할 것입니다. 기획, 기획서, 프레젠테이션은 각각 독립된 업무가 아니며, 서로 깊이 얽혀 있습니다. **이 책은 그것을 하나로 생각하고 작업해나가는 강좌**이므로, 처음부터 끝까지 혼자서 맡아 진행함으로써 그 장점을 실감할 수 있습니다. 비록 작은 프레젠테이션일지라도, 모든 것을 혼자서 해내기란 좀처럼 쉽지 않습니다. 하지만 **그런 경험을 통해 스스로를 갈고닦을 수 있으며 더 빨리 성장할 수 있습니다.** 저는 주변의 신뢰를 얻게 된 후부터는 기획과 기획서 작성, 프레젠테이션을 의도적으로 전부 스스로 행하고자 노력해왔습니다. 물론 창의적인 디자인이나 미디어 관련 분야 등 전문성이 필요한 부분은 다른 사람과 연계하여 작업하지만, 업무의 전체 총괄 및 각 파트의 방향 설정은 마지막까지 직접 했습니다. 그 결과, 규모가 큰 프레젠테이션을 할 때에도 주눅 들지 않고 자신감 있게 해낼 수 있었으며, 주변에서도 그것을 인정해주었습니다.

이 책에서 배운 내용을 통해 기획부터 프레젠테이션 작업까지 전부 하나의 흐름으로 이어지게 하는 것이 제가 추천하는 방법입니다. 그리고 이 방법이 바로 여러분을 성장시키는 열쇠가 될 것입니다.

Check it!

- ☑ 이 책은 기획, 기획서 작성, 프레젠테이션을 하나의 흐름으로 보고 그 노하우를 정리했다.
- ☑ '리본 프레임'이라는 심플하고 알기 쉬운 기법을 사용한다.
- ☑ 가능하면 기획부터 프레젠테이션까지 하나의 호흡으로 진행한다.

2 기획서와 프레젠테이션의 기본 구조는 세계 공통이다

POINT   기획서의 구조는 전부 같다

저는 마케팅 플래너로서 일본뿐 아니라 미국, 유럽, 동남아시아, 중국, 인도, 중동 등 다양한 국가와 지역에서 기획과 프레젠테이션을 해왔습니다. 그런데 이 과정에서 한 가지 깨달은 점이 있습니다. **설득의 기본은 인종을 불문하고 똑같다**는 점입니다.

기획과 프레젠테이션 실무의 본질은 알맹이가 있는 제안과 그 설득에 있습니다. **탄탄한 기획서가 있고, 그것을 프레젠터가 설득력 있게 프레젠테이션한다**, 그것이 전부입니다. 그렇다면 탄탄한 기획서란 어떤 것일까요? 목적 달성을 위해 현상을 제대로 분석 및 정리한 후 본질적인 과제를 뽑아낸 것, 그리고 그 과제를 해결하는 전략을 명쾌하게 제시하고 그에 기반한 대책과 액션 플랜을 합리적으로 정리하고 제안한 것입니다. 예를 들어, 다음 쪽의 도표는 제가 T 자동차의 인도 현지 법인에서 프레젠테이션했을 때의 기획서 목차(편의상 일부만 발췌했습니다)입니다. 그 구조를 보면 **여건(오리엔테이션 확인), 현상 분석(시장 환경 분석), 과제(우리의 과제), 전략(전략의 방향성), 대책(구체적인 대책)** 순이라는 점을 알 수 있습니다. 이처럼 기획과 프레젠테이션의 실무는 일본에서 행하는 것과 기본적으로 동일하며, 이는 세계 공통입니다. 이 책에서는 제가 여러 나라에서 실무에 관여한 경험을 바탕으로 그 순서를 가시화했습니다.

▲ 일본계 자동차 회사의 인도 시장 내 신차 출시 전략 기획서 목차

지금, 사회의 구조가 격변하고 있습니다. GAFAM(구글, 아마존, 페이스북, 애플, 마이크로소프트) 등의 거대 플랫폼, SNS, 글로벌 쇼핑 사이트 등 글로벌화가 점점 진행되고 있으며, 정보는 인터넷상에서 전 세계를 떠돌아다닙니다.

세계 경제가 하나로 얽혀 있는 이상, 앞으로도 글로벌화의 움직임은 멈추지 않을 것입니다. 또한 앞으로 우리의 업무 대부분도 전 세계인을 상대로 하게 되리라는 점은 틀림없겠죠. **이 책에서 그 노하우를 몸에 익히면, 여러분은 전 세계 어디를 가더라도 훌륭한 기획서를 손에 들고 프레젠테이션을 할 수 있게 될 겁니다.**

Check it!

☑ 기획서의 기본 구조는 세계 공통이다.
☑ 그 구조는 '현상 분석 → 과제 추출 → 전략 제시 → 대책과 액션 플랜'의 흐름이다.

3 기획서와 프레젠테이션은 둘이 합쳐 한 몸이다

POINT 기획서와 프레젠테이션은 불가분의 관계

기획서 제출만으로 업무가 끝나는 경우는 많지 않습니다. 지금까지의 경험을 보면, 일부 관공서를 제외하고는 기획서를 만든 후 반드시 프레젠테이션까지 해야 했습니다. 프레젠테이션을 광고대행사의 전매특허로 여기던 시대도 있었습니다. 하지만 지금은 사내이든 사외이든 기획서를 제출하면 그것으로 끝나는 시대가 아니며, 기획서를 만든 후에는 대부분 프레젠테이션까지 하게 됩니다. 이런 시대에 예부터 경험을 쌓아온 광고대행사의 방식에 무언가 특별한 것이 있다고 생각하는 분도 있을지 모르겠네요. 그렇다면 광고대행사에서 기획서와 프레젠테이션을 설계하는 방식에 무언가 특별한 게 있을까요? 그렇지는 않습니다. 우선 탄탄한 기획서가 있어야 한다는 점에서 같습니다. **제아무리 훌륭한 프레젠테이션이라고 해도 기획의 알맹이가 없으면 기본은 통하지 않기 때문입니다.**

그렇다면 훌륭한 기획서를 만들었다 치고, 그저 기획서를 무미건조하게 읽는 식으로 프레젠테이션을 하면 충분할까요? 그것도 물론 안 될 일입니다. **무미건조한 프레젠테이션으로는 상대의 마음을 움직일 수 없습니다.** 기획서는 기본적으로 문자로 구성되어 있죠. 따라서 의도가 제대로 전해지지 않는 부분이나 오해를 불러올 수 있는 부분이 있으며, 정적인 문장이므로 열의가 쉽게 전해지지 않습

니다. 따라서 프레젠테이션을 통해 내용을 정확하게 전하고, 그 정적인 기획서에 혼을 불어넣어야 합니다. 그래야만 상대방의 마음이 움직이고 기획서가 빛을 발하게 됩니다. 그런 프레젠테이션을 저는 몇 번이고 경험했습니다.

기획서와 프레젠테이션은 둘이 합쳐 한 몸이라고 생각하세요. 그리고 **이 둘 사이에는 자연스러운 연계가 중요**합니다. 즉, **기획서와 프레젠테이션은 불가분의 관계입니**다. 정적인 기획서에 프레젠테이션으로 말을 꾸미고 억양을 붙이고 퍼포먼스로 활기를 불어넣어야 합니다. 그렇게 하기 위한 방법도 이 책에서 배울 수 있습니다.

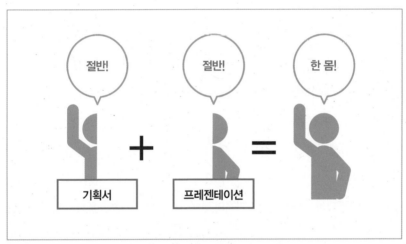

▲ 기획서와 프레젠테이션은 둘이 합쳐 한 몸

Check it!

- ☑ 기획서와 프레젠테이션은 둘이 합쳐 한 몸이다.
- ☑ 우선 알맹이가 있는 기획서를 만든다. 그리고 프레젠테이션으로 그 열의를 전하고, 상대를 설득한다.
- ☑ 기획서와 프레젠테이션은 불가분의 관계라는 점을 기억하자.

4 기획서는 전략을 중심에 놓아야 한다

알맹이가 없는 기획서만큼 공허한 것은 없습니다. 제아무리 열변을 토하더라도 상대를 설득할 수 없을 테니까요. 그렇다면 알맹이가 있는 기획서란 어떤 것일까요? 그것은 전략이 있는 기획서를 말합니다. '전략'을 사전에서 찾아보면, "정치, 경제 따위의 사회적 활동을 달성하는 데 필요한 책략"이라고 나옵니다. 한편 기획서의 '기(企)'라는 한자는 '꾀하다', '도모하다'라는 의미로, 전략과 동의어라고 볼 수 있습니다. 따라서 **기획서는 전략이 있는 제안서**라는 말이 됩니다.

왜 기획서에서 전략이 가장 중요할까요? 비즈니스도 일종의 싸움입니다. 싸움에서 이기려면 다양한 정보를 모아야 하며, 무엇을 근거로 삼아 어떠한 방침으로 싸워나갈 것인지 올바른 방향을 설정한 상태에서 실행 계획을 만들어야 합니다. 이것을 **전략 플래닝**이라고 합니다.

앞서 머리말에서 이야기한 일본의 광고대행사 하쿠호도에서도 새로운 기획 프레젠테이션 업무가 발생하면 **이 전략을 어떻게 도출할 것인지가 논의의 초점이 됩니다.** 보통 전략 플래닝 부서의 분석을 거친 후 다 같이 전략을 생각하고 결정합니다. 프레젠테이션에서는 전략을 어떻게 인상 깊게 설명하여 상대를 설득할 것인지가 가장 중요하기 때문입니다. 그리고 전략이 정해지면 그 전략을 바탕으로 기획서 작성에 들어가며, 미디어 팀이나 판촉 팀 등 각 팀에서 다양한 아이디어를 내어 실행안을 생각하기 시작합니다. 이때는 가능한 한 생각의 폭을 키우고 최대한 많은 수의 방안을 생각해봅니다.

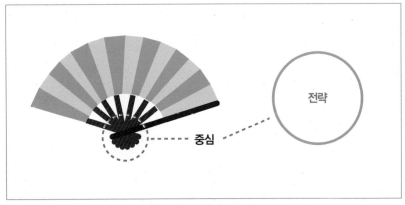

▲ 기획서는 전략을 중심에 놓아야 한다

전략이 있는 기획서를 만드는
가장 간단한 방법, 리본 프레임

POINT 기획에는 수렴적 사고와 확산적 사고가 모두 필요하다

인간의 사고법에는 **수렴적 사고**Convergent Thinking와 **확산적 사고**Diversion Thinking라는 두 가지 대조적인 사고법이 있습니다. 이는 미국의 심리학자 길포드가 이름 붙인 것으로, 그에 따르면 수렴적 사고란 많은 정보 중에서 공통점을 찾아내고 요점을 추출하여 목적에 맞는 결론을 하나로 좁혀가는 사고법입니다.

따라서 **수렴적 사고**에서는 **정보와 정보의 관계성을 이해하고, 의미 레벨에서 정리**해야 합니다. 반면, 확산적 사고란 사고하는 주제에 대해 요소와 선택지를 떠오르는 대로 많이 출력해나가는 사고법입니다. **확산적 사고**에서는 떠올린 생각의 질보다 양을 중시하며, 기존 개념에 사로잡히지 않고 자유롭게 발상합니다. '이건 좀 아닌 거 같은데?'라고 느껴지는 아이디어도 환영하며, **유연하고 폭넓게 아이디어를 출력**하는 것이 중요합니다. '더는 뽑아낼 수 없어……'라고 느낄 때까지 쥐어짬으로써 평소의 사고 영역을 넘어선 부분까지 생각의 폭을 넓히는 것을 목표로 합니다.

■ 두 가지 사고법을 프레임화한 것이 리본 프레임

기획을 추진할 때는 이 수렴적 사고와 확산적 사고를 효과적으로 활용해야 합니다. 이 개념을 도입한 것이 '리본 프레임'입니다. 리본 프레임이란 수렴적 사고와 확산

적 사고에 따라 나온 부채를 양쪽으로 2개 펼쳐놓고, 그 중심을 매듭으로 묶은 것입니다. 그리고 **그 매듭 부분에 오는 것이 전략**입니다. 이 리본 프레임을 바탕으로 기획 작업을 진행해나갑니다. 그 작업 프로세스를 간추리면 다음과 같은 흐름이 됩니다.

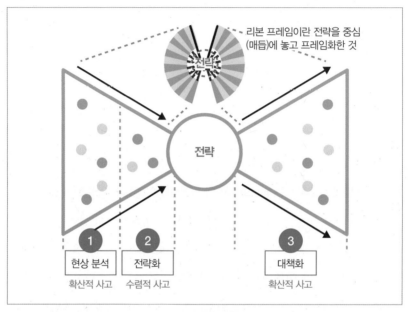

▲ 리본 프레임의 개념도

(1) 기획 초기 단계에서는 의뢰 사항(=여건)을 바탕으로 우선 다양한 각도에서 정보를 모아 분석합니다. 이때 필요한 것은 확산적 사고입니다.

(2) 다음으로 전략화 단계입니다. 이때는 최적의 전략으로 이끌기 위해 분석을 통해 나온 결론을 일원화합니다. 이때 필요한 것이 수렴적 사고입니다.

(3) 전략이 정해졌다면, 이것을 구현할 대책을 생각해야 합니다. 이때는 다시 확산적 사고가 필요합니다.

이 초기 단계 · 전략화 단계 · 대책화 단계별로 수렴적 사고와 확산적 사고를 사용하여 리본 프레임에 따라 작업하면, 누구든 손쉽게 좋은 기획서를 만들 수 있습니다.

Check it!

- ☑ 기획 작업에는 수렴적 사고와 확산적 사고가 모두 필요하다.
- ☑ 이 개념을 도입하여 전략을 중심에 놓고 프레임으로 만든 것이 '리본 프레임'이다.

리본 프레임의 핵심, 로직 3종 세트

기획에서 '전략'을 어떻게 만들어낼지는 중요한 포인트입니다. 리본 프레임에서 이 전략 부분을 확대하면, **'과제', '전략', '이유'**의 3가지 요소로 구성되어 있습니다. 전략은 막연한 분석만으로 만들어지지 않습니다. 수렴적 사고 결과, **우선 무엇이 과제인지를 압축해나감으로써 만들어지는 것**입니다.

그렇다면 **'과제'**란 무엇일까요? 과제란 **목적 달성을 위해 뛰어넘어야 하는 것**, 혹은 해결해야 하는 것입니다. 25쪽에서 **'전략'**이란 목적을 달성하는 책략이라고 했죠. 이를 바꿔 말하면 **'과제를 해결하는 방법'**이기도 합니다. 그리고 세 번째 요소인 '이유'란 문자 그대로 그 전략을 설정한 이유, 즉 왜 그것이 과제를 해결할 수 있는지에 대한 근거입니다. **이유를 명기함으로써 설득력이 생겨납니다.** 참고로, 영어에서는 이를 '래셔널Rationale'이라고 하며, 서양권 사람들은 특히 이 이유를 중시하는 경향이 있습니다.

이 셋의 관계를 저는 **'로직 3종 세트'**라고 이름 붙였습니다. 제1장 14항 67쪽 참조 그런데 비즈니스를 추진할 때는 반드시 이 로직 3종 세트가 따라붙습니다. 예를 들어 다음과 같은 일상 회화를 생각해보세요.

상사: 그거, 어떻게 되어 가고 있어?(= 과제)

부하: 아, 그건 이러저러한 방법으로 진행하고 있습니다.(= 전략)

부하: 왜냐하면, 이런 사정이 있거든요.(= 이유)

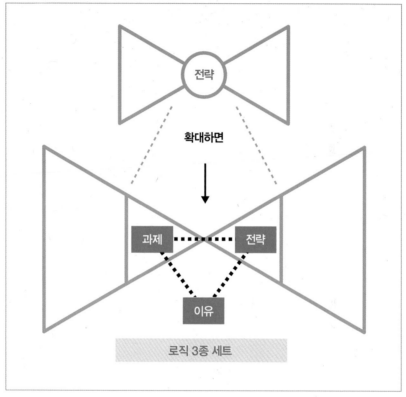

▲ 리본 프레임의 핵심은 '로직 3종 세트'

이런 식의 대화가 실제 업무에서 자주 이뤄지지 않나요? 리본 프레임의 핵심은 사실 이 로직 3종 세트를 어떻게 구성하느냐에 달려 있습니다. 따라서 이것을 마스터하면 설득력 있는 기획서를 만들 수 있습니다.

RIBBON
FRAME

제1장

잘 쓴
기획서는
어떻게
만들어질까?

1-1

기획서의 근본
기획서는 나의 '열의를 전하는' 제안서다

POINT 기획서를 영어로 하면 Proposal(=제안)

우선 다음 쪽에 실린 2가지 기획서 표지를 확인해보세요. 위의 기획서에는 '~제안'이라고 되어 있고, 아래의 영어 기획서에는 '~PROPOSAL'이라고 적혀 있죠. 'PROPOSAL'은 '제안'을 의미합니다. 즉, **기획서란 제안서**라는 말입니다. 기획서가 무언가를 제안하기 위한 문서인 이상, **상대방을 움직이게 해야 합니다.** 그것이 기획서의 원점입니다. 따라서 기획서에는 열의가 담겨야 합니다. 겉치레하는 글자를 늘어놓는 것만으로는 불충분합니다.

이 책에서는 기획서이든 프레젠테이션이든 이 열의를 전하는 방법을 중시합니다. 예를 들어 제1장 4항 [잘 쓴 기획서의 특징 ③: 마음을 움직이는 스토리가 있다] 42쪽 참조, 혹은 제6장 2항 [프레젠테이션의 핵심: 상대방에게 용기를 준다는 마음으로] 231쪽 참조 등 **열의를 담는 방법을 여기저기에서 해설**합니다. 다음 쪽의 아래 그림은 해외의 일본계 자동차 회사에 프레젠테이션한 기획서의 표지입니다. 표지만 봐도 처음부터 해내고 싶다는 마음이 가득 담긴 것이 느껴지지 않나요? 좋은 기획서에는 전하고 싶은 것을 상대방에게 올바르게 전하기 위한 비주얼 테크닉도 구사되어 있습니다. 이에 대해서는 제4장 [알아두면 무조건 써먹는 기획서 작성의 실전 테크닉] 151쪽 참조에서 자세하게 다뤘습니다.

☑ 기획서는 곧 제안서다. 따라서 열의가 담겨야 한다.

주식회사 △△ 귀중

제○기 광고 전략 제안

202×년 ×월 ×일
주식회사 ○○○

▲ 기획서에는 반드시 '제안'이라는 2글자가 있다

STRATEGY & CREATIVE PROPOSAL

※ 일부 생략하였습니다.

▲ 인도의 일본계 자동차 회사에 제시했던 기획서의 표지

잘 쓴 기획서의 특징 ①
간단하다

POINT   세상에는 의외로 간단하지 않은 기획서가 많다

여기서부터는 제가 생각하는 수준 높은 기획서, 즉 잘 쓴 기획서를 만드는 비법 3가지를 전합니다. 첫 번째는 간단해야 한다는 점입니다. 예를 들어 200페이지가 넘는 기획서가 있다고 칩시다. 이것은 좋은 기획서라 할 수 있을까요? 저는 그렇지 않다고 봅니다. 제가 경험한 결과, 중국이나 동남아시아의 개발도상국들에는 그런 두툼한 기획서가 많았습니다. 그런 두툼한 기획서에는 '양이 많다=투입한 시간이 많다=그만큼 열심히 생각했다=그러니까 좋은 평가를 해달라'는 마음이 담겨 있죠. 하지만 실제로는 단순하게 정보만 나열해놓는 등 정작 자신들도 내용을 제대로 파악하지 못하는 경우가 있습니다. 또한 어떤 제안이 담겨 있는지 그 자체도 쉽게 파악할 수 없습니다. 왜냐하면 '이것도 있다', '저것도 있다'라는 식의 병렬형으로 제안을 구성했기 때문입니다.

현상 분석이든 액션 플랜이든, **내용이 많으면 많을수록 일관성이 떨어지고 우선순위가 희박해집니다.** 물론 누구나 그 사실을 알고 있겠죠. 하지만 실제로 이것저것 조사를 많이 했다는 점을 드러내고 싶은 것도 인간의 본성인지라 세상에는 그런 기획서가 넘쳐납니다. 하지만 그렇게 해서는 과연 무엇을 말하려는 것인지 상대방에게 전해지지 않습니다.

■ 말하고자 하는 것을 압축하고 알기 쉽게 표현해야 한다

그렇다면 기획서가 간단하다는 것은 무엇을 말할까요? **말하고자 하는 것이 압축되어 있고, 상대방이 알기 쉽게 표현되어 있다**는 것입니다. 예를 들어 페이지 수가 적고, 페이지별로 보기 쉽게 디자인을 통일하는 등 외관을 심플하게 만드는 것이 한 가지 방법입니다.

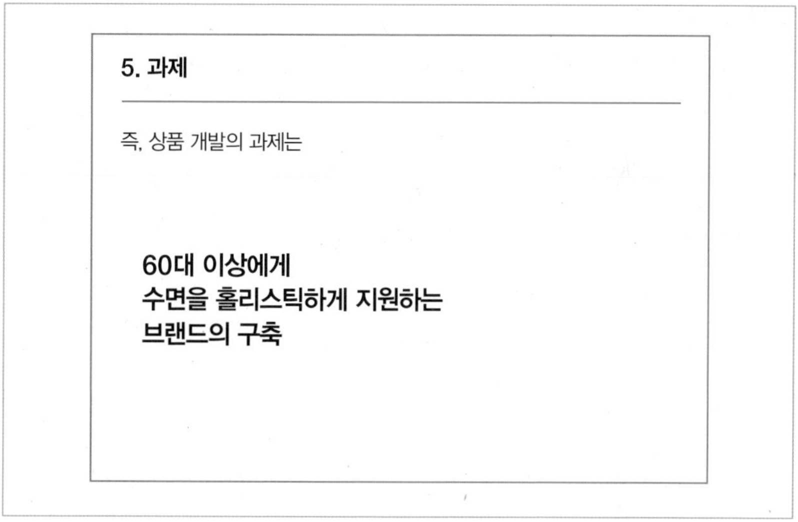

---

5. 과제

즉, 상품 개발의 과제는

**60대 이상에게
수면을 홀리스틱하게 지원하는
브랜드의 구축**

▲ 단순하고 평이한 표현의 예

자세한 테크닉은 제4장 [알아두면 무조건 써먹는 기획서 작성의 실전 테크닉] 151쪽 참조에서 설명하도록 하고, 여기서는 **평이한 표현**을 강조할까 합니다. 위 그림은 가상의 회사에서 만든 신상품 개발 기획서 중 한 페이지입니다. 과제 부분을 작성하는 방식에 대한 예시인데, 매우 적은 글자 수로 구성되어 있습니다. 그리고 본문 위에 "즉, 상품 개발의 과제는"이라고 덧붙였습니다. 실은 이것이 중요합니다.

왜냐하면, 기획서는 제안이 끝났다고 해서 그 수명을 다하는 것이 아니기 때문입니다. 프레젠테이션 자리에 참석하지 못한 사람이 이후에 기획서를 보더라도 **논지의 골자나 전개 방법이 심플하고 알기 쉬워야 합니다.** 따라서 이 점을 고려하여 기획서를 구성해야만 합니다.

Check it!

- ☑ 세상에는 의외로 간단하지 않은 기획서가 많다.
- ☑ 간단하다는 것은 말하고자 하는 점이 압축되어 있고, 표현이 평이한 것이다.

잘 쓴 기획서의 특징 ②
논리적이다

POINT 각 파트별로 따로 만든 것을 그저 단순히 조합해서는 안 된다

잘 쓴 기획서의 비법 중 두 번째는 논리적이어야 한다는 점입니다. 이것도 개발도상국에서 경험한 것인데, 전략과 대책이 이어지지 않는 기획서가 많았습니다. 그 원인을 살펴보니, 전반부를 쓴 사람과 후반부를 쓴 사람이 다르기 때문이었습니다. 제각각 상대에게 자신이 말하고 싶은 점만 쓰다 보니 듣는 이로서는 제안이 도통 머리에 들어오지 않습니다. 심지어 클라이언트가 화를 내는 장면도 종종 목격했습니다. **논지가 일관되지 않은 것은 논의할 가치도 없습니다.** 논지의 일관성은 기획서의 기본 원칙이며 당연히 지켜야 할 규칙입니다. 하지만 조직에 파벌주의가 팽배해 있거나 팀 안에 우두머리가 여러 명 있을 때는 이런 일이 쉽게 벌어질 수 있으니 주의해야 합니다.

프레젠테이션에서
듣는 이가 자주
경험하는 사례

어? 앞에서 말한 거랑
다른 거 같은데…

■ 논점이 집약되어 있고, 전개도 시작부터 끝까지 일관적이어야 한다

그렇다면 논리적이라는 것은 무엇을 말할까요? 현상 분석에서는 우선 확산적 사고를 합니다. 따라서 수많은 생각이 나오게 되며, 이 생각들을 단순히 병렬식으로 나열하다 보면 무엇이 중요한지 알 수 없게 됩니다. 따라서 **우선순위나 인과 관계를 중시하여 보여줌으로써 논점을 집약**해야 합니다. 그러면 듣는 이들이 쉽게 이해할 수 있습니다.

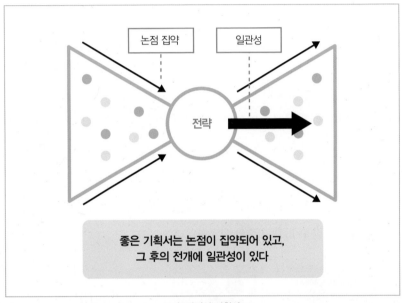

▲ 논리적인 기획서

이런 방식으로 정리한 기획서는 반론을 쉽게 허용하지 않는 점도 특징입니다. 집약 과정에서 전체적인 이치를 따져서 기획서에 반영하기 때문입니다. 또한 논점 집약이 제대로 이루어져 있다면, 그 후의 대책이 이것을 따르고 있다는 점을 상대방에게 쉽게 전할 수 있습니다. 듣는 이가 알기 쉬울 뿐 아니라, 설득에 넘어가기 쉽다는 말이죠. 그런데 지금까지 말한 것이 앞서 소개한 리본 프레임의 구조와 닮았다는 사실을 깨달으셨나요? **기본적으로 리본 프레임으로 작업을 진행하면 매우 논리적인 기획서를 만들 수 있습니다.**

Check it!

- ☑ 논지가 일관되지 않은 기획서는 논할 가치가 없다.
- ☑ 논리적이라는 것은 논점이 집약되어 있고, 전개에 일관성이 있는 것이다.
- ☑ 리본 프레임으로 작업하면 논지의 일관성을 담보할 수 있다.

1-4

잘 쓴 기획서의 특징 ③
마음을 움직이는 스토리가 있다

POINT 플롯을 구성하여 마음을 움직인다

세 번째 비법은 '마음을 움직이는 스토리가 있다'입니다. 스토리라고 해서 기획서를 이야기풍으로 꾸미라는 말이 아닙니다. **기획서에 약간의 플롯을 구성하여 상대방의 마음을 움직인다**는 의미입니다. 기본적인 수단으로 3가지를 꼽을 수 있습니다.

(1) 과제 및 전략 부분을 단호하게 기술한다
앞서 기획서의 중심은 전략이라고 말했는데, 그 부분을 말합니다. **전략, 즉 문제 해결 방법 부분을 명쾌하고 단호하게 기술합니다.** 이것이 제대로 되어 있다면 상대방의 마음을 움직일 수 있습니다.

(2) 현상 분석에 기회의 시점을 명시한다
현상 분석 부분에는 마이너스 요소뿐 아니라 플러스 요소를 명시합니다. 예를 들어 '이런저런 비관적인 요소가 있지만, 이러한 낙관적인 요소도 있다'와 같은 문맥으로 구성하여 프레젠테이션하는 것입니다. **상대를 일단 좌절하게 만든 후에 희망을 논하면 마음을 움직이기 쉬워집니다.**

(3) 대책 부분에 이미지와 효과를 넣는다
마지막의 대책 부분에서는 **목표하는 이미지를 떠올리게 하는 것**이 효과적입니다.

예를 들어 **대책을 시각화**해서 더욱 꿈에 부풀게 한다거나, 이 전략을 실행하면 이러한 효과를 얻을 수 있다는 **긍정적인 효과를 증명해줄 숫자나 데이터를 넣는 식**입니다.

물론 안건에 따라서는 이 3가지를 전부 반영하는 것이 어려울 수 있겠지만, 각 포인트를 기억해두면 훗날 분명 도움이 될 것입니다.

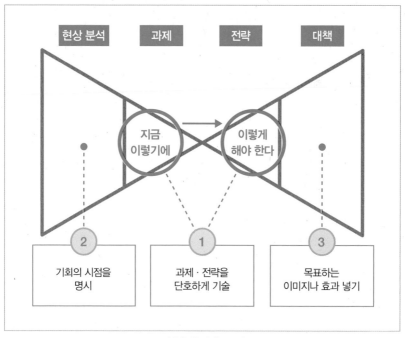

▲ 마음을 움직이는 포인트

이처럼 드라마틱한 요소를 반영하면 어떤 효과가 있을까요? 상대방이 자신과 관련된 일이라고 받아들이므로 공감을 얻기 쉽습니다. 또한 기억에 오래 남는다는 장점도 있습니다.

☑ 마음을 움직이는 기획서의 플롯을 구성하는 비법으로 다음 3가지가 있다. ① 과제에서 전략을 단호하게 기술한다, ② 현상 분석에 기회의 시점을 명시한다, ③ 대책 부분에 이미지와 효과를 넣는다.

사내용 기획서
좋은 기획서는 손쉽게 결재를 받는다

POINT 의사결정자에게 필요한 정보를 간결하게 정리한다

기획서에도 사내용과 사외용이 있습니다. 앞서 수준 높은 기획서의 비법으로 3가지 포인트를 제시했습니다. 그런데 사내용인지 사외용인지에 따라 그 포인트를 다루는 방법이 미묘하게 다릅니다.

우선 사내용 기획서부터 살펴봅시다. 46, 47쪽에 실린 그림은 한 회사의 홍보전략 기획서 표지와 1항의 예로, 그야말로 사내 이사회용 기획서입니다. 특징은 **표지에 주요 스케줄과 사내 결재 프로세스를 나열한 후 '지금 이 시점이다'라고 명시**하고 있다는 점입니다. 그리고 1페이지에 심의 사항을 넣어, 오늘은 이 포인트를 심의하고 결재해주었으면 한다는 이그제큐티브 서머리^{Executive Summary}를 제시합니다. 여기서 제시하지는 않지만 이어지는 기획서의 전개는 현상 정리, 과제, 제○기 전략, 구체적인 대처법 순으로 심플하게 정리되어 있습니다.

■ 기능적인 구조가 중요하다

이를 통해 알 수 있듯, **의사결정자가 필요한 정보를 알기 쉽도록 간결하게 정리하는** 것이 가장 중요합니다. 사외용과 달리 내부 보고이므로 **기능적인 구조로 만들어 알기 쉬워야 하며, 빠른 시간 내에 읽을 수 있어야 합니다.** 또한 사내 포맷에 따라야 하고, 당연히 프레젠테이션 시에도 화려한 퍼포먼스가 필요하지 않습니다.

앞서 말한 기획서의 비법 중 '① 간단하다, ② 논리적이다'라는 두 포인트를 의식합시다.

중요 서류

202X년 X월 X일
홍보실

제○기 홍보 전략(안)

주요 스케줄
○/○: 홍보위원회
○/○: 이사회(의견 교환) ← 오늘
○/○: 임원회

▲ 사내 기획서 표지의 예

■ 기능적인 구조를 만드는 방법

사내용 기획서에서 기능적인 구조를 만들기 위한 방법은 다음과 같습니다.

• 결재 절차와 스케줄을 넣는다

어느 부분을 심의하고 결재하면 되는지, 현재 스케줄상 어느 시점인지를 넣습니다.

• 이그제큐티브 서머리를 넣는다

본문 부분이 길거나 다소 복잡한 경우에는 이그제큐티브 서머리를 넣습니다. 이그제큐티브 서머리는 첫머리만 보고 전부 이해할 수 있도록 작성하는 것이 중요합니다. 제4장 16항 187쪽 참조

1 심의 사항(이그제큐티브 서머리)

■ 지난번 202X년 X월 X일 열린 홍보위원회에서 전략의 방향성을 심의하여,
  ① 전략의 목적은 제○기 홍보 전략을 지속하고, 전략의 컨셉을 '○○'으로 할 것
  ② 202X년 이후의 준비를 진행할 것
  이 결정되었음.
■ 현 상황을 바탕으로 제○기 홍보 전략의 골자를 다음과 같이 정함.

전기 전략의 포인트	제○기 홍보 전략의 골자
1. _____	전략 콘셉트: ○○○○
2. _____	〈액션 플랜〉
3. _____	① _____ ② _____ ③ _____

▲ 이그제큐티브 서머리의 예

Check it!

☑ 사내용 기획서는 의사결정권자가 필요한 정보를 알기 쉽도록 간결하게 정리하는 것이 중요하다.

☑ 구체적으로는 '결재 절차'와 '스케줄'을 넣을 것. 또한 첫머리에 '이그제큐티브 서머리'를 만들 것.

사외용 기획서
좋은 기획서는 순조롭게 채택된다

POINT 3가지 비법을 A3 사이즈 1페이지에 담은 사례

사외용 기획서는 어때야 할까요? 다음 쪽에 제시한 그림은 중국의 일본계 자동차 회사에 프레젠테이션한 기획서의 일부를 변형한 것입니다. 클라이언트의 의뢰 사항은 중국이라는 큰 시장에서 중장기적인 기술 브랜딩을 시작하고 싶은데 어떻게 하면 좋을지 큰 골격을 잡아달라는 요청이었습니다. 따라서 사전 조율을 꼼꼼하게 진행한 후, 클라이언트의 포맷에 맞춰서 A3 사이즈의 기획서를 만들어 프레젠테이션하기로 했습니다. 그 결과, 이 기획은 도중에 형태는 조금 바뀌었지만 순조로운 단계를 밟아 결재를 받을 수 있었습니다. 바로 **수준 높은 기획서의 비법인 '간단', '논리', '마음을 움직이는 스토리'의 3요소가 제대로 표현되었기 때문입니다.**

우선 A3 사이즈는 한눈에 전체를 살펴볼 수 있기 때문에 그 특징을 살린 구조로 '간단'해 보이게 완성했습니다. 즉, 각 파트에서 **말하고 싶은 것의 집약과 평이한 표현**에 공을 들였습니다. 다음으로 '논리'에 관해서는 과제와 전략, 특히 KPI가 눈에 잘 들어오게 하는 것(이 경우에는 미국의 ○세대 수준으로 끌어올리는 것으로 설정)에 유의하였고, PDCA를 확실히 관리할 수 있다는 점도 어필했습니다. 마지막으로 **'마음을 움직이는 스토리'**에 관해서는 기획의 핵심으로서 일본과 중국, 양 국가에서 잘 알려진 유명 캐릭터를 사용하여 전체를 통합해서 보여주는 방식을

사용했습니다(어떤 캐릭터인지는 판권 관계상 생략합니다). 캐릭터의 이미지가 강한 만큼, 이벤트나 광고 등 **대책의 목표 이미지가 쉽게 눈에 들어오는 점이 크게 기여했습니다.**

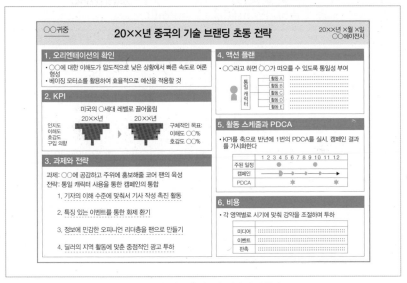

▲ 중국의 일본계 자동차 회사의 기획서

이런 식으로 많은 고민을 거쳐 사외 결재를 통과했다는 하나의 예시입니다. 하지만 당연히 이 경우에도 기획서 작성 이전 단계에서부터 **사전에 클라이언트와 꼼꼼한 사전 조율**을 했으며, 이런 식이라면 클라이언트의 최고 결재권자가 승인해줄 것이라는 쌍방의 이해하에 순차적으로 다듬는 과정을 거쳐 완성한 기획서입니다. 이 점 또한 간과해서는 안 될 부분이겠죠.

Check it!

☑ 채택되는 사외 기획서에는 '간단', '논리', '마음을 움직이는 스토리'라는 3박자가 갖추어져 있다.

기획서의 기본 요소
5가지 항목은 꼭 기억하자

쉽게 말하자면 5페이지로 충분하다

지금부터는 기획서의 기본적인 요소에 관해 설명합니다. 저는 다양한 나라의 여러 회사를 대상으로 기획서를 만들어왔는데, 다음과 같은 항목 구성이 세계에서 공통적으로 통한다는 점을 알게 되었습니다. 바로 ⓪ **오리엔테이션의 확인 (여건),** ① **현상 분석,** ② **과제,** ③ **전략,** ④ **대책**입니다. 총 5항목이므로, 기획서에 항목당 1페이지로 담아낸 경우, 총 5페이지로 충분하다는 의미입니다. 또한 1페이지에 이 5항목을 전부 담는다면, 그것은 그것대로 훌륭한 기획서가 됩니다. 좋은 기획서는 논점이 집약되어 있고 그 후의 전개에 일관성이 있다고 전술한 바 있는데, 아무리 긴 기획서여도 기본 구조는 이처럼 구성되어 있습니다.

물론 '이번에는 과제가 여건에 포함되어 있으니 필요하지 않다'라거나, '전략이 중요하므로 상세 대책은 필요하지 않다'라는 등 다양한 상황이 있으니 임기응변으로 대응할 필요는 있지만, 이 기본 구조는 흔들리지 않습니다. 따라서 기획서 업무가 발생했을 때의 작업 프레임은 이것으로 충분합니다.

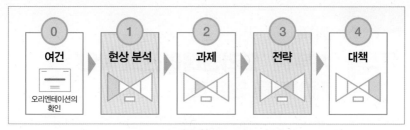

▲ 기획서의 기본 구성

기획서의 기본 요소
서두에 '오리엔테이션의 확인' 페이지를 만든다

POINT 우선 기획의 목적을 명확하게 해야 한다

지금부터 기획서의 기본 구성인 5항목의 순서에 따라 각각의 작업에 필요한 요소에 관해 설명하겠습니다. 우선 **'오리엔테이션의 확인'**(여건)입니다. 기획에 들어가기 전에 보통 광고업계에서는 오리엔테이션이라는 것을 진행합니다. 오리엔테이션은 프레젠테이션 용어로, '클라이언트의 의뢰 사항을 듣는 자리'라는 의미입니다. 약칭 OT라고도 합니다. 한마디로 OT라고 해도, 그 수준은 천차만별입니다. 가장 정중한 것은 의뢰하는 쪽이 스스로 과제나 전략 가설까지 제시하는 경우입니다. 이와 대조적으로 달랑 몇 줄만 적힌 문서를 받는 경우도 있고, 개중에는 종이가 아니라 구두로 오리엔테이션을 진행한 케이스도 있었습니다.

다음 쪽에 제시한 그림은 제8장의 기획서 예시 중 하나인 'K시의 지방 활성화'에서 사용한 오리엔테이션 문서의 예입니다. 기획서에서는 **서두에 이 '오리엔테이션의 확인' 페이지**를 만들어 의뢰 사항을 확실히 확인하고, 이 기획이 무엇을 목적으로 진행되는지 듣는 이의 기억에 남겨야 합니다. '의뢰 사항 확인', 혹은 '오리엔테이션의 확인'이라는 소제목이어도 상관없습니다.

서두에 이 페이지를 넣는 이유가 무엇일까요? 바로 **기획의 목적을 명확하게 하기 위해서**입니다. 이 기획서는 전부 여기에서 시작된다는 점을 명확히 함으로써

그 후 전개하는 기획의 논리나 아이디어에 일관성을 부여하는 기준점이 됩니다. 반대로 말하면, 목적이 적혀 있지 않거나 애매한 기획서에는 힘이 없습니다. 의지할 곳이 없기에 대책이 흔들리게 됩니다.

K시 지방 활성화 전략 책정 업무 제안 사양서

1. 위탁 업무명
   K시 지방 활성화 전략 책정 등 업무

2. 업무 목적
   K시에서는 앞으로 지속적인 인구 감소가 예상되는 가운데, 장래에 걸쳐 지역 경제가 유지될 수 있도록 교류 인구의 확대와 이주 촉진 등 다양한 대책이 진행 중임. 이것과는 별도로, K시에서는 다양한 지역 자원의 매력을 어필하고, 지역 경제를 윤택하게 할 전략적이고 효과적인 지방 활성화 전략을 책정하고자 함. 본 업무는 그 기본이 되는 방안, 전략을 모집하는 것임

3. 업무 내용
   ① 현상 · 과제 분석
      다양한 오픈 데이터를 바탕으로 필요한 요소를 추출하고 분석할 것
   ② 전략 제안
      골격이 되는 전략을 중시하고, 대책은 개요를 기재할 것
      대책의 브러쉬업은 채용된 후에 시와 공동으로 행할 예정
   ③ 제안서의 작성 및 프레젠테이션
      상기를 바탕으로 한 전략과 대책의 제안으로 정리하여 기획서로 제출, 프레젠테이션할 것

4. 스케줄
   본 고지로부터 3주 후인 ×월 ×일
   다만, 1일 전에 기획서를 PDF 형식으로 송부할 것

5. 기획 제안 참가 요건
   다음으로 제시하는 요건을 만족할 것(이하 생략)

▲ 오리엔테이션 문서의 예

Check it!

- ☑ 서두에 '오리엔테이션의 확인' 페이지를 만들 것.
- ☑ 목적을 명확히 함으로써 그 후 기획 전개의 시작점으로 삼는다.

기획서의 기본 요소

현상 분석 ①: 우리는 지금 어디에 있는가?

POINT 현상 파악에는 3C 분석이 기본

다음으로 현상 분석 방법을 소개합니다. 포인트는 다음의 2가지입니다.

- 다양하고 광범위하게 찾을 것
- 그것을 알기 쉽게 정리할 것

여기서는 마케팅의 현상 분석 이론을 소개합니다. 가장 기본적인 것이 바로 '3C 분석'입니다. 3C란 'Customer(시장·고객)', 'Competitor(경쟁사)', 'Company(자사)'를 말합니다. 다만 제 경험상 'Customer'의 경우, 시장은 시장, 고객은 고객으로 나눠서 조사하는 편이 좋습니다. 왜냐하면 **시장**은 문자 그대로 업계의 규모나 시간 순에 따른 움직임을 찾는 중요한 분석 항목이며, **고객** 또한 Target Customer로서 현재 고객 및 잠재 고객의 양적·질적 검증을 하거나 행동 및 터치 포인트^{Touch point}(특정 상품이나 브랜드, 서비스 등이 고객과 만나게 되는 순간)를 조사하는 중요한 항목이기 때문입니다. 여기서 조금 범위를 넓혀서 **미디어**나 **사회 동향** 등을 더하기도 합니다. 이들 항목을 분해하여 현상 분석을 함으로써 **중요한 것을 빠뜨리지 않고 철저히 분석할 수 있습니다.** 또 한 가지 중요한 시점이 있습니다. 주어진 주제와 직접적인 관계가 없더라도 **사회현상이나 전혀 다른 업계 혹은 회사의 사례**에서 '이것은 이번 기획 작업에 참고할 수 있지 않을까?'라는 점을 발견하는 것입니다.

■ Where are we? (우리는 지금 어디에 있는가?)

그렇다면 이런 현상 분석을 통해 결국 무엇을 도출하면 좋을까요? 제가 유니레버 재팬에 파견 근무를 나가서 아이스크림 브랜드 매니저로 일하던 무렵, 네덜란드의 본사로부터 "일본 사업의 극적인 성장을 도모할 수 있는 전략과 대책을 생각하라"라는 지시를 받았습니다.

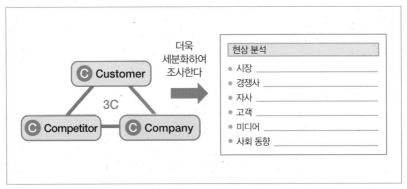

▲ 마케팅의 3C 분석

당연히 멤버 모두가 함께 지혜를 모아 기획서를 만들었습니다. 그 후, 본사의 책임자가 일본을 방문하여 프레젠테이션을 진행하게 되었고, 그 전에 인사 차원에서 차를 마실 기회가 있었습니다. 그때, 환담에서 자연스레 일본의 아이스크림 시장에 관한 이야기가 나왔고, 그러던 중 상대방의 입에서 가장 먼저 나온 말이 바로 "Where are we?"였습니다. 즉, '우리는 지금 어디에 있는가?'라는 질문을 한 것입니다. 지금도 선명하게 기억하고 있으며, 현상 분석의 결론을 묻는 물음으로서 매우 좋은 질문이었다고 생각합니다.

즉, 다각도로 철저하게 분석한 결과, '우리는 지금 어떤 위치에 서 있는가?'라는 심플하지만 포괄적인 물음이었던 것입니다. 기획서에는 현상 분석의 서머리로서 이 내용을 기재하기도 합니다. 제8장 21항 301쪽 참조

Check it!

☑ 현상 분석은 우선 3C 분석으로 진행한다. 빠뜨리지 않고 철저하게 분석하는 것이 중요하다.

☑ 'Where are we?'는 현상 분석의 결론을 단적으로 나타내는 좋은 질문이다.

기획서의 기본 요소
현상 분석 ②: 문제점과 기회, SWOT 분석

POINT 중요한 것은 과제와 전략의 입각점을 찾아내는 것

빠짐없이 찾아내는 분류법으로 3C 분석을 언급했지만, 이 3C 분석을 통해 나온 결과를 그대로 병렬적으로 나열하더라도 무엇이 문제인지, 어디에 문제 해결의 기회가 있는지 찾기 어렵겠죠. 따라서 현상 분석으로 찾아낸 항목을 **'문제점'과 '기회'로 나누어 정리해보면, 과제나 전략에 대한 입각점을 찾기 쉬워집니다.** 흔히 문제점만 나열하는 일이 자주 벌어지는데, 이렇게 되면 문제점을 해소하는 쪽으로 기획의 방향이 기울기 쉽고 결국 아이디어의 범위를 좁히는 결과로 이어집니다. 문제점뿐 아니라 기회, 즉 긍정적인 부분도 충분히 찾아내어 보다 광범위하게 기획의 방향성을 모색해야 합니다. 이를 'pros & cons 분석', '포지티브/네거티브 분석'이라고 말하기도 하지만, 기본적으로는 같은 내용입니다.

■ SWOT 분석이란?

또한 SWOT 분석이라는 분석 방법이 있습니다. 이것은 문제점과 기회 부분을 더욱 잘게 나눠 내부 요인과 외부 요인으로 분해하여 **강점**Strength, **약점**Weakness, **기회**Opportunity, **위협**Threat으로 나눠보는 방법입니다. 앞의 2가지가 내부 요인, 뒤의 2가지가 외부 요인입니다. 좀 더 세분화하여 바라봄으로써 과제와 전략으로 이어지는 발견을 할 가능성이 커집니다. 하지만 4가지 요인으로 나누는 것에서

큰 의미를 찾을 수 없는 경우라면, 굳이 그렇게까지 할 필요는 없습니다. 다만 이 SWOT 분석 결과를 기획서에 담으면, 현상에 관해 철저하고 빠짐없이 분석했다는 점을 보여줄 수 있습니다. 제8장에 제시한 'K시의 지방 활성화' 기획서의 현상 분석 ②, ③에서는 이 SWOT 분석을 바탕으로 분석 결과를 정리했으니 참고하기 바랍니다. 298, 299쪽 참조

Check it!

☑ 현상 분석에서 '문제점'과 '기회'로 나누는 목적은 과제와 전략의 입각점을 쉽게 찾아내기 위함이다.

☑ 문제점과 기회를 더욱 세분화한 것이 SWOT 분석이다.

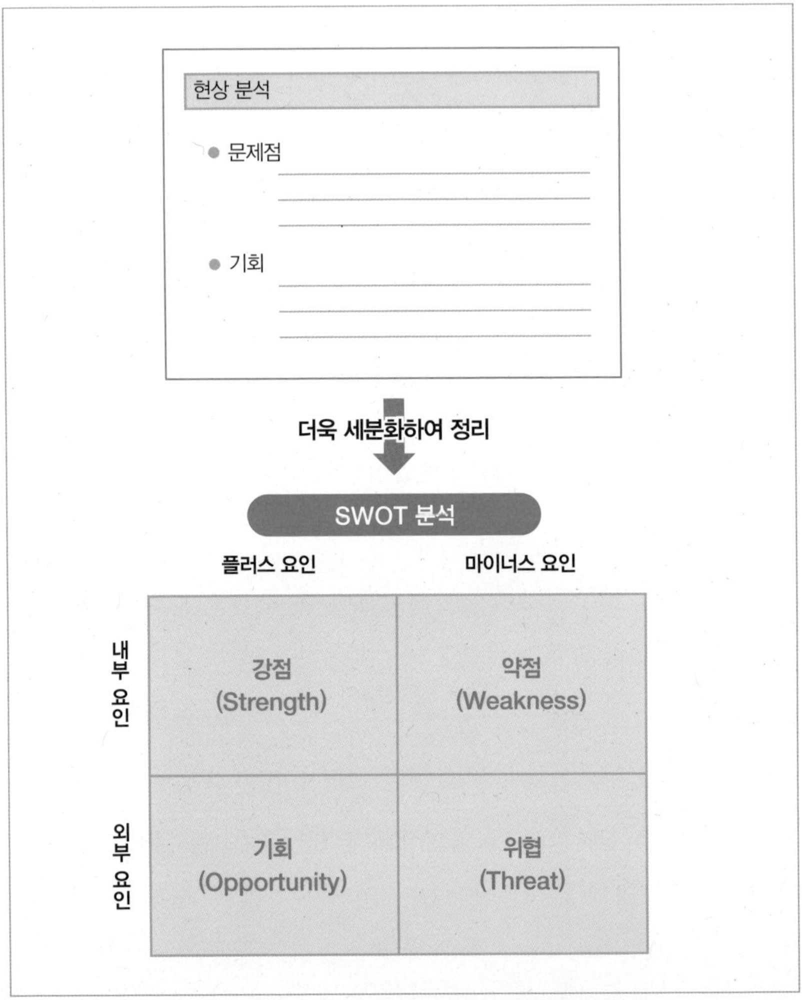

현상 분석

● 문제점

_____
_____
_____

● 기회

_____
_____
_____

더욱 세분화하여 정리

SWOT 분석

	플러스 요인	마이너스 요인
내부 요인	강점 (Strength)	약점 (Weakness)
외부 요인	기회 (Opportunity)	위협 (Threat)

▲ 문제점과 기회로 나누어 정리하면 과제와 전략을 찾아내기 쉽다

기획서의 기본 요소
과제: 좋은 물음을 세운다

POINT 과제 설정에 따라 전략이 좌우된다

현상 분석 및 문제점과 기회를 분류하는 작업을 거쳐 무엇을 도출해야 할까요? 바로 **해결을 위한 '좋은 물음'의 설정**입니다. 이것을 '과제 설정'이라고 합니다. 의뢰 사항은 참으로 다양한데, 하룻밤 사이에 그 대책을 찾아낼 수 없는 경우가 대부분입니다. 그렇기에 더더욱 현상을 철저하게 분석해야 하며, 여기서 **중요한 것은 기획 제안을 하기 위해 '무엇을 발견하고 무엇을 과제로 설정하는가'입니다.**

여기서는 Y시(가상)의 시티 프로모션을 예로 들어 설명합니다. 시티 프로모션이란 지방 활성화 정책의 일환으로, 그 지방자치단체 특유의 브랜드를 만들어 많은 사람을 매료하여 지역 활성화를 도모하는 활동을 말합니다. 우선 나쁜 과제 설정의 예부터 살펴보죠. 'IT의 힘으로 Y시의 좋은 이미지를 퍼뜨리고, 많은 사람에게 알린다'라고 과제를 설정했습니다. 이 경우의 전략은 '독자적인 바이럴 동영상을 만들어 SNS로 확산'이 됩니다. 반면, 좋은 과제 설정의 예는 'IT의 힘으로 Y시의 기존 방문객을 응원단으로 만든다'입니다. 그 결과, 전략은 '메일 매거진을 통해 기존 방문자와 연결하며, 그들에게 Y시의 매력을 퍼뜨리게 한다'로 삼았습니다.

왜 후자가 좋은 과제 설정일까요? **시티 프로모션의 궁극적인 목적**을 생각해봅시다. 그것은 마을의 좋은 브랜드 이미지를 만드는 것에 머물지 않습니다. 그 수준을 넘어서 Y시를 방문하는 사람이 늘어나게 하고 지역 활성화를 도모해야 합니다. 즉, 후자 쪽이 본질적인 문제 해결로 이어지는 과제 설정이라고 할 수 있죠. 그런데 실제로 많은 지방자치단체가 전자와 같은 과제를 설정하고 모두 비슷한 대책을 시행하고 있으며, 그 결과 막대한 예산 낭비로 이어지고 있습니다.

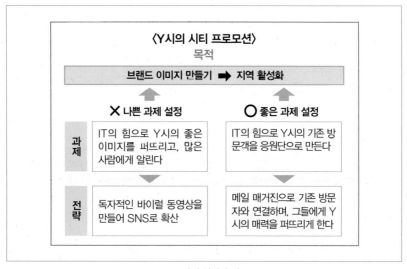

▲ 과제 설정의 예

이처럼 확실히 현상 분석을 한 결과, **적절한 과제 설정을 통해 적절한 전략이 도출**됩니다. 그리고 기획서에는 분석 결과, **왜 이러한 과제를 설정했는지 확실히 적어야 합니다.**

Check it!

- ☑ 모은 정보를 바탕으로 본질적인 문제 해결을 위한 좋은 물음을 세우는 것이 과제 설정이다.
- ☑ 과제 설정에 따라 전략이 좌우된다.
- ☑ 기획서에는 '왜 이 과제인지'에 대한 이유도 명기한다.

기획서의 기본 요소
전략 ①:
우리는 무엇을 해야 하는가?

POINT 전략이란 싸움에서 이기기 위한 전체적인 방안이다

다음으로 과제를 해결하는 전략에 관해서 설명합니다. '전략'이라는 단어는 원래 군사 용어였습니다. 18세기에 K. 클라우제비츠Karl van Clausewitz는 "많은 전투를 연합하여 전쟁의 목적을 달성하는 것이 전략이며, 하나의 전투를 계획하고 실시하는 것이 전술이다"라고 정의했습니다. 즉, **전략이란 싸움에서 이기기 위한 전체적인 방안**입니다.

현상 분석에서는 'Where are we?'에 답하는 것이 중요하다고 했죠. 반면 전략이란 'What should we do?', 즉 '우리는 무엇을 해야 하는가'를 단적으로 기술해야 합니다. 또한 전략 이후에는 구체적인 대책(액션 플랜)이 이어지므로, 액션 플랜을 정리하여 제시할 필요가 있습니다. 앞에서 전략이 기획서의 중심이 된다고 말했는데, 이 전략이야말로 듣는 이가 가장 듣고 싶어 하는 부분입니다. 전략 페이지 작성의 포인트는 다음과 같습니다.

(1) 과제에 대한 답으로서 기재한다
과제는 '물음 설정'이므로, 전략은 그에 대한 답이라는 식으로 기재해야 합니다. 프레젠테이션의 흐름에서 말하자면 '과제는 ○○이므로' 그에 대해서 '그렇기에 이런 방법으로 해결합니다'라는 대응 관계를 명확하게 기재합니다.

(2) 대책(액션 플랜)을 하나로 묶은 방안으로서 기재한다

대책(액션 플랜)은 각각의 전술이므로, 전략은 그것을 하나로 묶은 포괄적이고 개념적인 문장이어야 합니다. 그렇다면 구체적으로 전략을 어떻게 기재하면 좋을까요? 이것은 기획의 주제에 따라 천차만별입니다. 제8장 276, 277쪽 참조

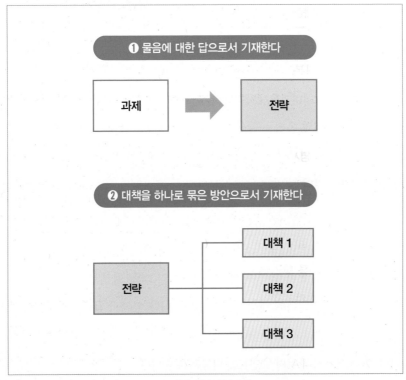

▲ 전략 작성 시 주의점

Check it!

- ☑ 전략이란 싸움에서 이기기 위한 전체적인 방안이다.
- ☑ 전략 작성 시의 포인트는 '과제에 대응하는 답을 기재하는 것', '액션 플랜을 하나로 묶듯이 포괄적이고 개념적으로 기재하는 것'이다.

기획서의 기본 요소
전략 ②:
전략의 이유에 상대는 납득한다

POINT 상사에게 보고하는 장면을 떠올려본다

이 책의 특징은 리본 프레임을 통해 기획서를 하나의 흐름처럼 만드는 데 있습니다. 그 리본 프레임의 핵심은 '과제, 전략, 이유'의 **로직 3종 세트**라는 점을 30쪽의 들어가기 6항에서 다루었습니다. 그중에서도 전략의 이유, 즉 **'왜 이 전략인가?'를 확실히 명시하는 것이 중요**합니다. 어설픈 기획서를 보면 그저 앞뒤를 끼워 맞추었을 뿐 제대로 된 전략이 없는 경우가 많습니다. 나아가 전략이 타당한지 아닌지 확 와닿지 않는 것이 많죠. 왜 와닿지 않는가 하면, 막상 전략을 제시하더라도 그 합리적인 이유를 알 수 없기 때문입니다. 이때 필요한 것이 바로 전략의 이유를 명기하는 것입니다. **이유가 있으면 상대가 납득**하게 되니까요. 앞서 상사와 부하의 대화를 예로 들었는데, 조금 더 구체적인 대화를 떠올려봅시다.

> 상사: 그러고 보니 A 사장에게 줄 사례품은 어떻게 됐어?(= **과제**)
> 부하: 아, 그 건은 총무 팀의 B 씨에게 맡겼습니다.(= **전략**)
> 상사: 어? 왜?
> 부하: 그게, B 씨가 A 사장의 취향을 잘 알고 있거든요.(= **이유**)
> 상사: 그렇군! 잘했어.

매우 간단한 대화이지만, 이러면 상사가 안심하게 되겠죠.

▲ 상사와 부하의 대화

기획서의 기본 요소
전략 ③:
비즈니스에는 'Why'가 따라붙는다

POINT 로직 3종 세트를 따른다

로직 3종 세트 부분은 중요하므로 다시 한번 복습해봅시다. 바로 앞의 13항에서 상사와 부하의 대화를 살펴보며 비즈니스의 의사결정이 어떻게 이루어지는지 생각해보세요. 반드시 'Why'가 따라붙는다는 점을 알 수 있을 겁니다. 즉, 우선 무언가의 과제(테마)가 있고, 그에 대해 '○○합시다. 왜냐하면 ××이니까요' 혹은 '××이니까 ○○합시다'라고 제안과 이유가 대개 하나의 세트로 구성되어 있습니다. 기획서에도 그것을 명시해야 하며, 이 **과제, 전략, 이유의 관계를 '로직 3종 세트'라고 이름 붙였다는 것은 전술한 바와 같습니다.** 다음 쪽 아래 그림 참조 즉, 우선 **과제**가 있고 그에 대응하는 **전략**이 오른쪽에 옵니다. 그와 동시에 전략의 근거가 되는 **이유**도 뿌리 부분에 확실히 적혀 있습니다. 기획과 프레젠테이션 작업에서는 이것을 항상 의식해야 합니다. 이 셋의 관계가 명확하면 논리는 반드시 통하기 때문입니다.

Check it!

☑ 비즈니스의 의사결정에는 언제든 'Why'가 따라붙는다.
☑ 그것을 구조화하여 과제, 전략, 이유의 관계를 가시화한 것을 '로직 3종 세트'라고 부른다.

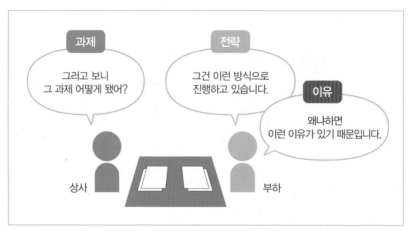

▲ 비즈니스의 의사결정 흐름

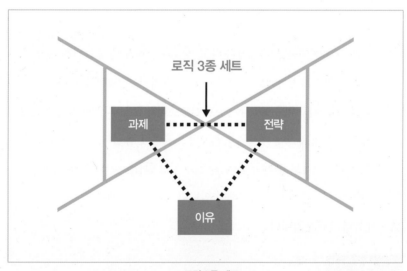

▲ 로직 3종 세트

기획서의 기본 요소

대책:
대책은 여러 가지여도 상관없다

POINT 중요한 것은 전략을 바탕으로 하고 있는지 여부다

다음으로 해야 할 일은 전략을 구체적인 대책에 담아내는 것입니다. 기획 작업을 하다 보면 여러 가지 플랜이 나옵니다. **중요한 것은 해당 플랜이 전략을 바탕으로 하고 있느냐**입니다. 후술하겠지만, 리본 프레임을 사용하면 그 판단을 쉽게 할 수 있습니다. 예산이 정해진 기획이라면 대책을 더욱 좁혀야 할 수 있습니다. 그 경우에는 해당 대책을 실시했을 때의 **효과와 타당성**(현실적으로 가능한지, 실시하기 쉬운지)을 선택 기준으로 삼습니다. 제2장 16항 119쪽 참조

다음으로 유력한 방안을 몇 가지로 좁힌 후에 어떻게 제안할지를 생각합니다. 각 대책 사이의 관계를 살펴보세요. 만약 모든 안이 유력하다면 병렬식으로 제시합니다. 클라이언트의 입장에서는 단 하나의 결론을 제시하는 것보다 여러 옵션이 존재하는 편이 선택하기 쉬울 수 있습니다. 광고대행사에서 광고안 제안을 하는 경우, 여러 안을 제안하는 것이 보통입니다. 다만 이러한 **병렬형인 경우에는 각 대책안의 특징 및 우열 관계 등을 명시하는 것이 중요**합니다. 제2장 17항 121쪽 참조

■ 대책을 입체화한다

한편, 여러 대책을 함께 실시하여 효과를 높이자는 제안도 있습니다. 그런 경우에는 각 대책의 전략상 역할과 위치를 명시하며 **입체적으로 기재합니다. 입체적이라는 것은 여러 대책이 각각 자기의 역할을 다하면서 동시에 전체적인 효과를 높인다는 점을 클라이언트에게 선보여야 한다**는 말입니다. 그 대표적인 예로는 종합 캠페인이 있습니다. 이때는 광고, 미디어, BTL$^{\text{Below the Line}}$(이벤트, 옥외 광고, 매장 내 홍보 활동 등의 대인 마케팅 커뮤니케이션 활동), 디지털 등의 각 대책을 연동하여 효과를 높입니다.

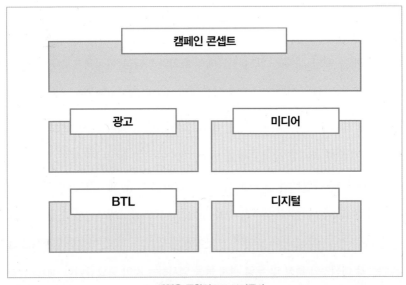

▲ 대책을 종합적으로 보여준다

이 경우, 대책을 각각 간결하게 기재하기 앞서 캠페인의 종합 콘셉트로서 전체의 대책을 하나로 묶는 주제를 내세워 표현하는 방법도 있습니다. 또한, 활동이 어느 정도 장기간에 걸쳐 이루어지는 경우, 시간순으로 어떻게 전개할 것인지를 표현하는 것도 효과적입니다. 제2장 18항 122쪽 참조

Check it!

- ☑ 전략에 부합한다면 대책은 여러 개 있어도 상관없다.
- ☑ 여러 대책안을 처리하는 방식에는 2가지가 있다. 하나는 병렬형으로, 이때는 장점 · 단점을 명확하게 밝힌다. 또 하나는 입체형으로, 각 대책을 한눈에 볼 수 있게 표현한다.

1-16

기획을 위한 아이디어
아이디어란 무엇인가?

POINT   아이디어는 원석이다

여기부터는 기획서의 '기획' 부분을 어떤 발상이나 작업을 통해 만들어야 하는지 설명하겠습니다. 기획서라고 말하려면 거기에 기획이 있어야만 하겠죠. 기획이 좋다면 클라이언트에게서 "좋은 아이디어네요"라며 승인을 얻기 쉬워집니다. 이 기획과 아이디어의 관계를 잘 생각해보세요. **아이디어가 원석이라면 기획서는 그것을 갈고닦아 실행 가능한 설계서의 영역으로 반영한 것입니다.** 우선 아이디어 착상에서 시작하며, 좋은 아이디어가 나오면 그것을 부풀리거나 다듬어서 발전시켜 나갑니다. 아이디어에서 태어난 기획의 재료를 갈고닦으며 실현할 수 있는 영역까지 높여나가는 것입니다.

■ '~하면 좋겠다'라는 상상을 한다

즉, 기획을 하려면 우선 아이디어가 있어야 합니다. 처음 단계에서는 보다 직감적이나 순간적으로 떠오르는 망상에 가까운 것일 수도 있습니다. 바꿔 말하면 '그러면 좋겠다', '그렇게 되면 재밌겠네'라는 아무렇게나 하는 상상을 통해 시작되기도 합니다. 따라서 기획 업무를 추진할 때는 아이디어가 나오기 쉽도록 엉뚱한 상상을 하는 것도 중요합니다.

■ 처음 단계에서 떠오른 것을 기록한다

아이디어 착안에서는 첫 단계가 가장 중요합니다. 맨 처음이라는 타이밍이 머릿속에서 자유로운 이미지를 부풀리기 가장 쉽기 때문입니다. 제가 광고대행사에서 근무했을 때는 클라이언트의 오리엔테이션 직후에 영업 팀이나 제작 팀과 카페에 가서 "이런 게 좋지 않아?" 하고 자주 말하곤 했습니다. 이처럼 망상이라고도 할 수 있는 최초의 순간에 나오는 아이디어를 그대로 제안으로 가져간 경우도 있습니다. 기획을 생각할 때는 다양한 제약이 따르게 되지만, 최초 단계에서는 그다지 제약에 얽매이지 않고 떠오른 것을 솔직하게 끌어낼 수 있습니다. 제멋대로지만 꿈이 담긴 플랜일 때도 있습니다. 따라서 **처음에 떠오른 것은 반드시 기록해둡시다.**

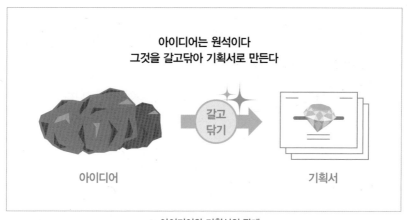

▲ 아이디어와 기획서의 관계

Check it!

- ☑ 아이디어는 제멋대로의 망상에서 시작된다.
- ☑ 첫 단계에서 떠오른 것은 의외로 중요하므로 기록해둔다.

1-17

기획을 위한 아이디어
어떻게 해야 아이디어가 떠오를까?

POINT 발상하기 쉬운 뇌를 만든다

기획의 원석이 되는 아이디어를 어떻게 떠올리면 좋을까요? 아이디어라고 해서 하늘에서 저절로 떨어지는 것이 아니며, 뇌가 백지인 상태에서 생기지도 않습니다. 그렇다면 어떻게 해야 아이디어가 태어날까요? **우선 어느 정도 구체적인 과제가 있고, 그 답과 관련된 정보를 뇌가 모으기 시작하는 과정**에서 아이디어가 태어납니다.

■ 발상을 자극하는 3가지 비결

뇌가 활발하게 발상하기 위해서는 뇌에 적절한 자극을 줘야 합니다. 자극을 주는 방법에는 크게 3가지가 있습니다.

(1) 오리엔테이션 문서를 몇 번이고 반복해서 읽는다

의뢰를 받았다는 자극 자체만으로 뇌는 활동을 시작합니다. 인간은 다른 사람이 무언가를 해결해달라고 의뢰하면 그것에 응하려고 하는 존재입니다. 오리엔테이션을 행할 때나 오리엔테이션 문서를 읽을 때야말로 발상의 스위치가 가장 원활히 돌아가는 순간입니다. 좋은 아이디어를 내기 위해 뇌는 과거의 기억을 더듬기 시작합니다. 앞에서도 말했듯이, 그때 떠오른 발상은 아무리 사소한 것이라도 반드시 메모해둡시다.

(2) 내키는 대로 정보를 수집한다

과제와 관련하여 자신에게 지식이나 경험이 없다면, 뇌는 '~에 대해 더욱 알고 싶다', '~을 조사해'라는 지령을 보냅니다. 그러면 정보 수집을 시작하게 됩니다. 그렇게 모은 정보가 다시 자극이 되어 발상이 확대됩니다.

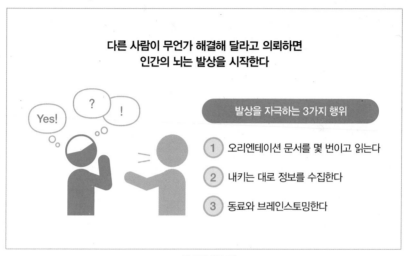

다른 사람이 무언가 해결해 달라고 의뢰하면 인간의 뇌는 발상을 시작한다

발상을 자극하는 3가지 행위

1 오리엔테이션 문서를 몇 번이고 읽는다
2 내키는 대로 정보를 수집한다
3 동료와 브레인스토밍한다

▲ 발상의 활성화

정보 수집의 비결은 자신의 관심 범위에서 제멋대로 모아나가는 것입니다. 요즘 시대는 정보를 손쉽게 인터넷에서 검색할 수 있다는 장점이 있습니다. 인터넷에 정보가 많지 않을 때는 전문가에게 의견을 묻고, 이야기에 나온 현장에 가보는 방식도 있습니다.

(3) 동료와 브레인스토밍한다

나아가 함께 일하는 동료들과 과제를 공유한 후, 서로가 떠올린 것을 나누며 그것을 자극으로 삼아 아이디어를 만들어가는 방식이 효과적입니다. 이른바 브레인스토밍이죠.

브레인스토밍은 오리엔테이션 후, 그다지 시간을 두지 않고 곧장 하는 것이 좋습니다. 인간은 쉽게 불타오르고 쉽게 식어 버리므로, 열기가 식어버리기 전에 하는 것이 핵심입니다.

Check it!

☑ 아이디어가 떠오르는 뇌로 바꾸는 비결은 다음 3가지다. ① 오리엔테이션 문서를 몇 번이고 읽는다. ② 내키는 대로 정보를 수집한다. ③ 동료와 브레인스토밍한다.

기획을 위한 아이디어
뛰어난 발상은
일하지 않을 때 떠오른다

POINT 떠올랐다면 잊지 말고 메모해둔다

기획 업무는 오리엔테이션할 때, 책상에서 일할 때, 브레인스토밍할 때 등 대부분 일상적인 업무 도중에 생각하는 것이 기본이죠. 하지만 실은 일하지 않을 때, 이른바 **휴식 중에 기획의 재료가 되는 특별한 아이디어가 떠오르는 일이 더 많습니다.** 예를 들어 아침에 샤워할 때, 낮에 산책할 때, 출퇴근 도중, 체육관에서 러닝할 때, 밤에 깨서 다시 잠들지 못할 때 등. 어쩌면 일하는 시간에는 어떻게든 기획을 생각해야 한다는 무언의 압박이 있기에 상식적인 범위에서 기획을 떠올리게 되고, 이 때문에 엉뚱한 아이디어나 특별한 아이디어가 나오기 어려운 것 아닐까요?

하지만 일을 하지 않을 때는 어째선지 자연스레 임팩트 있는 기획이 떠오르는 일이 적지 않습니다. 어떻게든 아이디어를 **생각해야 한다는 강제성이 없기에 뇌가 무언가의 속박에서 벗어나게 되고, 이러한 느슨하지만 자유로운 순간에야말로 아이디어가 갑작스레 떠오르는 것**이 아닐까 합니다. 중요한 것은 아이디어가 떠올랐다면 그것을 놓치지 않는 것입니다. 그 자리에서 바로 메모해둡시다. 제1장 21항 82쪽 참조

Check it!

- ☑ 휴식 시간에 좋은 아이디어가 떠오르는 경우가 많다.
- ☑ 그때 잊지 않고 메모해두면 나중에 큰 도움이 된다.

기획을 위한 아이디어
일반인의 관점에서 바라보자

POINT 평범한 사람들이 생활하는 의식이나 행동을 통째로 관찰한다

하쿠호도의 철학 중에 '생활인 발상'이라는 것이 있습니다. 생활인 발상이라고 하면 무언가 특별한 것을 하는 것처럼 들릴 수도 있겠지만 여기서 생활인은 **소비자보다 조금 더 큰 개념**으로, 일반적으로 평범한 보통의 사람들을 말합니다. 이 사람들의 생활 전반을 들여다보고, 거기에서 아이디어를 떠올려보자는 의미입니다.

당연한 얘기처럼 들리나요? 하지만 여러분이 어떤 회사에 소속되어 있다면, **그 회사의 시야에서 벗어나 소비자를 바라보기 어려운 법입니다.** 특히 B2B 기업 등은 그 너머에 있는 소비자의 의식이나 행동을 사실 제대로 포착하지 못할 때가 많습니다. 따라서 하쿠호도에서는 생활인 측에 서서 그들의 의식, 행동을 포괄적으로 관찰·분석하고, 그것을 클라이언트의 상품 서비스 판촉이나 신상품, 신사업 개발에 활용하자는 것입니다. 저한테는 이 방법이 꽤 큰 도움이 되었습니다. 왜냐하면 **거의 모든 기획의 원점은 '생활인'의 감각으로 발상하는 것이 더욱 낫기 때문입니다.**

■ 바로 자신의 주변을 살펴보는 것이 중요하다

생활인 발상이란 자신의 주변을 살펴보는 것과 다름이 없습니다. 여러분이 기획 작

업을 할 때도 무리 없이 적용할 수 있는 콘셉트입니다. 즉, **평소 별스럽지 않게 느끼던 일상생활에서의 불편함을 발견하고, '이렇게 되면 좋을 텐데'라는 자신의 망상을 펼쳐서, 이번 기획에 살릴 수 있는지 생각해보면 됩니다.** 예를 들어 제3장에서는 [동네 서점의 부활을 위한 기획]이라는 사례가 나옵니다. 여러분이 평소 동네 서점을 관심 있게 지켜보고 있었다면, 이런 주제에 그 시점을 살릴 수 있습니다. '이렇게 되면 좋을 텐데'라고 생각하던 것을 꺼내서 기획에 적용할 수 있는지 생각해보세요.

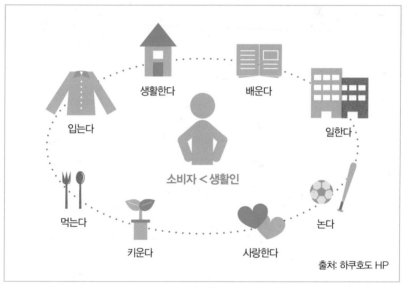

▲ 생활인 발상

Check it!

☑ '생활인 발상'이란 딱히 어려운 방법이 아니며, 자신의 주변을 살펴보는 것이다.

기획을 위한 아이디어
짜증 나는 일이 생겼을 때를 놓치지 말자

POINT 짜증 나는 경험을 '이러면 좋을 텐데'로 바꾼다

이어서 생활인 발상의 기획 작업을 하는 방법을 알기 쉽게 말씀드립니다. 앞서도 말했지만, 요점은 평소 '이러면 좋을 텐데'라고 상상하는 습관을 들이는 것입니다. 예를 들어 마트에서 줄을 서서 계산을 기다린다고 칩시다. 여러분도 알겠지만, 연령대가 낮은 사람이 서 있는 줄에 서면 기다리는 시간이 짧죠. 그에 비해 연세가 있으신 분이나 신용카드가 아닌 현금이나 상품권으로 계산하는 사람이 많은 줄은 기다리는 시간이 깁니다. 그리고 종종 앞사람이 상품권을 꺼내 드는 것을 보면 '망했다!'라고 생각하죠. 별것 아니지만 짜증 나는 경험이라고 할 수 있겠죠. 하지만 이와 동시에 여러분은 '신용카드 전용 계산대'를 만들면 어떨까 하고 자신도 모르게 생각합니다. 잘 생각해보면 이건 매우 좋은 솔루션 아닌가요? 이런 식으로 **일상생활을 하면서 자신의 상상 습관을 '불만 요인'과 '이러면 좋을 텐데'로 나누고자 노력하다 보면, 직면한 과제에 대한 답의 선택지가 현저히 늘어납니다.**

■ 테트리스 기법(요철법, 凹凸法)

테트리스 기법이란 제가 만든 기획 발상법입니다. 평소 **짜증이 나거나 기분이 가라앉은 경험='오목한 모양(凹)의 경험'**을 한 순간을 제대로 의식하고, 그렇게 되지 않

도록 하려면 어떻게 하면 좋을지='이러면 좋을 텐데'를 생각하는 습관을 들이는 것입니다. 그리고 오목한 부분이 있다면 볼록한(凸) 부분도 있겠죠. 즉, **볼록한 것은 '기분이 좋아지는'** 순간입니다. 예를 들어 자주 가는 카페나 식당에 가서 자리에 앉았는데, 종업원이 '평소 드시던 걸로 드릴까요?'라고 말하면 기분이 좋아지지 않나요?

**기분이 가라앉았거나, 반대로 기분이 좋아질 때의
상황과 심리로부터 해결의 아이디어를 얻는다**

▲ 테트리스 기법

이 자체만 보면 딱히 특별할 것이 없어 보일지도 모릅니다. 하지만 예를 들어 희소 고객을 상대로 하는 비즈니스 기획을 생각할 때, 접객 아이디어로서 응용 가능한 힌트가 되지 않을까요? 이처럼 **기획의 본질이 되는 발상이나 발명의 뿌리는 사람의 생활이나 행동 및 그것과 결부된 사람의 감정**입니다. 테트리스 기법은 기분이 가라앉을 때 혹은 기분이 좋아질 때의 상황과 심리로부터 해결 아이디어를 얻는 기법으로서 효과적입니다.

Check it!

☑ 자신의 기분이 가라앉았을 때 혹은 기분이 좋아질 때 '이러면 좋을 텐데'라고 상상한다.

기획을 위한 아이디어
스마트폰으로
메모하는 습관을 들이자

POINT 스마트폰 메모란?

저는 평소 스마트폰에 그때그때의 기분을 메모하고 있습니다. 긴 해외 출장에서 돌아왔을 때, 근무하던 나라의 사람들과 일본인의 생활 습관 차이가 새삼 재밌다고 여겨져서 메모로 남기기 시작한 것이 계기였습니다. 메모가 쌓이기 시작하자 예를 들어 클라이언트와 기획 회의를 할 때 나양한 각도에서 제안할 수 있게 되어 매우 큰 도움이 되었습니다. 이런 것이 꽤 유용하다는 깨달음 덕분에 《스마트폰 메모》(CCC미디어하우스)라는 책까지 펴냈을 정도입니다. 그렇다면 메모는 어떤 식으로 하면 좋을까요?

■ 인간의 뇌는 플래시메모리

스마트폰 메모를 하는 것이 기획에 도움이 되는 이유는 바로 인간의 뇌가 플래시메모리Flash Memory와 닮았기 때문입니다. 당시에는 좋은 아이디어라고 생각한 것이 다음 순간에는 이미 떠오르지 않았던 경험을 다들 해봤을 겁니다. 그것은 잊어버렸다기보다는 뇌의 깊은 곳에 저장되었지만 지금 당장은 떠올리지 못하는 것입니다. 따라서 **깨달음을 얻었거나 아이디어가 떠올랐다면 언제든 되새김할 수 있도록 그 순간을 놓치지 않고 메모해두는 것이 중요합니다. 그렇게 하면 평소의 기획 업무에 도움이 됩니다.**

메모의 또 다른 장점은 과거에 메모한 것과 지금 현재 닥친 업무가 이어지는 경우입니다. 자신이 소속된 업계와 직접적인 관계가 없는 것이라도 메모해두면, '어? 이거는 결국 똑같은 거네. 그렇다면 응용할 수 있지 않을까?'라고 깨닫게 될 때가 있습니다. 따라서 평소의 깨달음을 메모하는 '스마트폰 메모' 습관을 강력하게 추천합니다. 이런 **메모를 통해 주변을 둘러보고 'ㅇㅇ라면 좋을 텐데'라고 생각하는 '기획하는 뇌'가 만들어집니다.**

■ 스마트폰 메모를 활용하는 포인트

스마트폰에 메모하는 습관을 들일 때는 아래의 3가지 포인트를 기억하세요. 여러분도 간단히 시작할 수 있습니다.

(1) 곧장 메모한다

대부분의 사람들이 스마트폰을 온종일 거의 몸에서 떼어놓지 않고 생활합니다. 그렇기에 출퇴근, 술자리, 화장실 등 어디서든 생각나면 바로 메모할 수 있다는 점이 편리합니다. 그 자리에서 곧장 메모하는 습관을 들입시다.

(2) 되새긴다

그저 메모로 끝내는 것이 아니라 때때로 되새기는 것이 중요합니다. 인간은 망각의 동물이기 때문이죠. 과거 이렇게 좋은 아이디어를 떠올렸다는 점을 시간 날 때마다 되새기면 언젠가 직면한 과제에 도움이 되는 날이 옵니다.

(3) 종합하여 바라본다

무언가 커다란 주제가 있을 때, 그것과 관련된 메모를 한 자리에 모아보세요. 각기 다른 내용에 관한 메모여도 그 뿌리가 같거나, 메모 A는 시작점이고 메모 B는 그 결과를 나타내는 등 메모들끼리 서로 유기적으로 연결되기도 하고, 보다 구조적으로 이해할 수 있기도 합니다. 이렇게 종합하여 바라보는 작업을 통해 머릿속의 처리 능력이 올라갑니다.

그리고 메모를 쓸 때는 '오~○○이구나'라거나 '○○이었네'처럼 그때 느낀 자신의 솔직한 감정을 구어체로 쓰는 것이 좋습니다. 그 메모를 썼을 때의 감정이 떠올라 현장감을 가진 채 메모를 되새김할 수 있습니다. 메모를 손으로 적는 분도 많으시겠죠. 물론 그것도 나쁘지 않습니다. 하지만 제가 스마트폰 메모를 고집하는 이유는, 이런 전자 디바이스에 축적한 정보는 반영구적으로 남기 때문입니다. 우리는 수많은 정보를 지혜로 바꿀 수 있는 시대에 살고 있습니다. 이렇게 메모를 축적해두면, 분명 미래에 큰 도움이 될 것입니다.

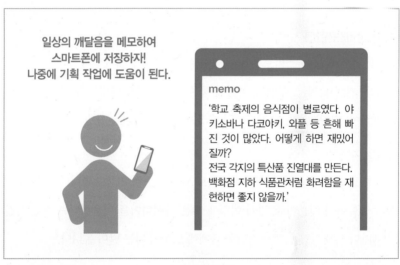

일상의 깨달음을 메모하여
스마트폰에 저장하자!
나중에 기획 작업에 도움이 된다.

memo
'학교 축제의 음식점이 별로였다. 야키소바나 다코야키, 와플 등 흔해 빠진 것이 많았다. 어떻게 하면 재밌어질까?
전국 각지의 특산품 진열대를 만든다. 백화점 지하 식품관처럼 화려함을 재현하면 좋지 않을까.'

▲ 스마트폰 메모

Check it!

☑ 일상의 깨달음을 스마트폰에 메모해두면 나중에 도움이 된다.
☑ 스마트폰 메모를 되새기거나 종합적으로 바라보면 뇌가 활성화된다.

RIBBON
FRAME

제2장

기획을 정리하는 가장 효과적인 방법, 리본 프레임

2 - 1

리본 프레임이란?
기획 작업을 나누어 가시화한 것

POINT	기획 작업을 4가지 파트로 나눈다

앞에서도 언급했지만 **리본 프레임이란 기획 작업의 순서에 따라 수렴적 사고와 확산적 사고를 통해 작업을 나누고 가시화한 것**입니다. 그렇다면 기획할 때 이 리본 프레임을 어떻게 적용하면 좋을까요? 리본 프레임은 다음과 같이 4가지 파트로 나뉘어 있으며, 이 순서로 작업을 진행해나갑니다.

❶ 현상 분석

우선 현상 분석입니다. 이 파트에서는 의뢰 사항이나 오리엔테이션을 확인하고 관련 정보를 수집합니다. 또한 해결을 위한 다양한 유의 사항, 어려운 장애물이나 기회가 되는 정보를 적습니다. 여기서 주의할 점은 다음 쪽 그림에서 **왼쪽 끝 ①의 분석 항목뿐 아니라 오른쪽 끝 ④의 대책 아이디어 항목도 수시로 채워나가야 한다**는 점입니다. 정보 수집 단계에서는 대책에 관한 아이디어가 자연스럽게 모이기 때문입니다. 또한 현상 분석은 나중에 문제점과 기회로 분류해서 정리하므로, 이 점도 유의해야 합니다. 제1장 10항 58쪽 참조

❷ 과제

과제에서는 ❶에서 열거한 현상 분석 가운데 **무엇이 가장 본질적인 과제인지를 설정**합니다. 제1장 11항 61쪽 참조에서 설명한 것처럼 **여기에서 적확한 물음을 설정함으로써 좋은 전략이 도출됩니다.**

❸ 전략

이어서 전략에서는 설정한 과제를 해결할 수 있는 **전체적인 방안이나 방침을 제시**합니다. 또한 이 파트에서는 전략의 '**이유**'도 병기함으로써 과제와 합쳐 **로직 3종 세트**를 완성합니다.

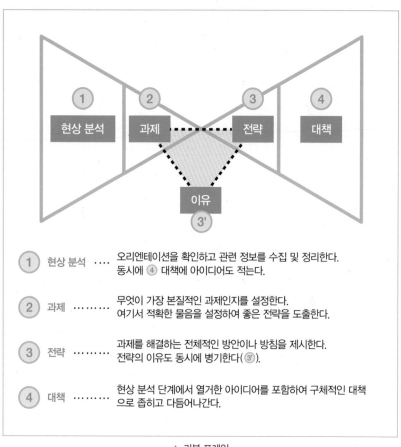

① 현상 분석 .... 오리엔테이션을 확인하고 관련 정보를 수집 및 정리한다.
동시에 ④ 대책에 아이디어도 적는다.

② 과제 .... 무엇이 가장 본질적인 과제인지를 설정한다.
여기서 적확한 물음을 설정하여 좋은 전략을 도출한다.

③ 전략 .... 과제를 해결하는 전체적인 방안이나 방침을 제시한다.
전략의 이유도 동시에 병기한다(③').

④ 대책 .... 현상 분석 단계에서 열거한 아이디어를 포함하여 구체적인 대책
으로 좁히고 다듬어나간다.

▲ 리본 프레임

❹ 대책

마지막은 대책입니다. ❶의 현상 분석 단계에서 열거한 아이디어도 포함하여 다듬고, **전략에 따른 구체적인 대책으로 좁혀나갑니다.**

리본 프레임을 이용한 기획 작업은 이와 같은 순서로 진행하는 것임을 우선 이해하고 넘어갑시다.

Check it!

- ☑ 리본 프레임이란 기획 작업의 순서에 따라 수렴적 사고와 확산적 사고를 조합하여 작업을 4가지 파트로 분해하고 가시화한 것이다.
- ☑ 주의할 점은 ❶ 현상 분석에서는 왼쪽 끝의 분석 부분뿐 아니라 오른쪽 끝의 대책 란에도 아이디어를 수시로 채워야 한다는 것이다. 그리고 ❸ 전략에서는 그 이유도 병기해야 한다.

리본 프레임의 준비

그룹 작업이라면
작업 공정표를 만든다

POINT 중요한 것은 모두가 모이는 타이밍을 정하는 것

그룹이 함께 기획·프레젠테이션 작업을 하는 경우에는 프레젠테이션까지의 작업 공정표를 만듭니다. 이때 리본 프레임을 사용하면 알기 쉽게 스케줄을 짤 수 있습니다. 구체적으로는 작업 프로세스를 '가로축'에 적고, 누가 주체가 되어 작업하는지를 '세로축'에 적습니다. 그리고 작업 공정을 다음과 같이 크게 6가지 단계로 나눕니다.

단계 1. 오리엔테이션과 브레인스토밍
단계 2. 정보 수집과 현상 분석
단계 3. 과제 설정과 전략 세우기
단계 4. 대책 정밀화
단계 5. 기획서의 총괄과 전체 조감
단계 6. 프레젠테이션

스케줄표를 만들었다면 다음으로는 작업 주체를 결정합니다. 큰 범주로 나누면 '모두가 모여서 할 것인지, 아니면 개별 작업으로 할 것인지'입니다. **여기서 중요한 것은 모두가 모이는 타이밍을 정하는 것입니다.**

프레젠테이션 전까지 모두가 모이는 타이밍은 다음과 같습니다.

단계 1. 오리엔테이션과 브레인스토밍

단계 3. 과제 설정과 전략 세우기

단계 5. 기획서의 총괄과 전체 조감

이렇게 3회가 적당합니다. 물론 모든 멤버가 참가하기 어려운 경우에는 각 팀의 대표 한 명만 참석해도 무방합니다. 이제 각 단계에서 주의할 점을 살펴봅니다.

단계	1	2	3	4	5	6
일정	~3일	~15일	~20일	~28일	~30일	~31일
리본 프레임						
작업 주제	오리엔테이션과 브레인스토밍	정보 수집과 현상 분석	과제 전략	대책 정밀화	전체 조감	프레젠테이션
전원 미팅	◎		◎		◎ →	◎
개별 담당 A / 담당 B / 담당 C		○ ○ ○		○ ○ ○		

▲ 작업 공정표의 예

■ 단계 1

오리엔테이션은 모두 참가하기 어려운 경우가 많겠지만, **그 후의 브레인스토밍에는 가능하면 모두가 참가하는 것이 바람직합니다.** 왜냐하면 오리엔테이션의 내용을 함께 공유함으로써 그때 떠오른 다양한 의견을 가능한 한 많이 리본 프레임에 담을 수 있기 때문입니다. 비록 분석, 과제, 전략이 아직 없더라도 오리엔테이션에서 떠올린 각자의 첫 느낌은 소중한 법입니다. 거기에는 대책도 포함될 가능성이 크며 이때의 아이디어를 이후 단계에 활용할 수 있습니다.

■ 단계 3

기획서의 중심을 정하는 작업이므로, 깊이 있는 회의가 되기 쉽습니다. **미리 담당자가 과제와 전략 가설을 만들고,** 그것을 바탕으로 논의하는 것이 효율적인 방식입니다.

■ 단계 5

기획서를 누가 총괄할지 정합니다. 물론 이 단계 이전에 정해도 상관없습니다. **중요한 것은 기획서가 통일성 있게 보여야 한다는 점**입니다. 그러려면 최종 조율자가 한 명이어야 바람직하다는 점은 말할 필요도 없겠죠. 과정 전체를 컨트롤하는 책임자의 역할도 중요합니다. 시시때때로 작업 진도를 체크하고, 적절하게 스케줄을 변경합시다.

Check it!

☑ 작업 공정표를 만들면 편리하다.
☑ 구체적으로는 리본 프레임의 작업 프로세스를 '가로축'에 놓고, 담당자를 '세로축'에 놓은 후에 시간순으로 알 수 있도록 가시화한다.
☑ 전체 미팅은 기본적으로 3회가 적당하다.

리본 프레임의 장점
진행 과정을 관리하기 쉽다

POINT 리본 프레임이 채워지는 상태를 보며 체크할 수 있다

리본 프레임이 채워진 정도를 보면 **기획 작업이 어느 정도 진행되었는지 일목요연하게 알 수 있습니다.** 이렇게 진행 상황을 가시화할 수 있기에 진행 관리가 쉬워집니다. 예를 들어, 중심이 되는 로직 3종 세트(과제, 전략, 이유)가 채워졌는지 확인합니다. 여기가 완성됐다면 기획 작업은 한고비를 넘겼다는 말이 됩니다. 나아가 ❶ 현상 분석과 ❹ 대책의 양쪽 끝이 채워졌고, 오른쪽의 대책에 ○×가 달려 있다면, 기본적인 대책도 정해졌다고 볼 수 있습니다. ○×를 다는 타이밍은 제2장 16항 119쪽 참조에서 설명합니다.

또한 때에 따라서는 전략이 여러 개 있을 수도 있는데, 이때 책임자는 이것을 보고 가까운 시일 내에 한 개로 정해야겠다고 생각할 수 있겠죠. 이렇게 중심 부분을 확인함으로써 대략적으로 기획의 진행 상황을 파악할 수 있습니다.

Check it!

☑ 리본 프레임으로 작업을 진행하면, 기획 작업이 어느 정도 진행되었는지 한눈에 알 수 있다.

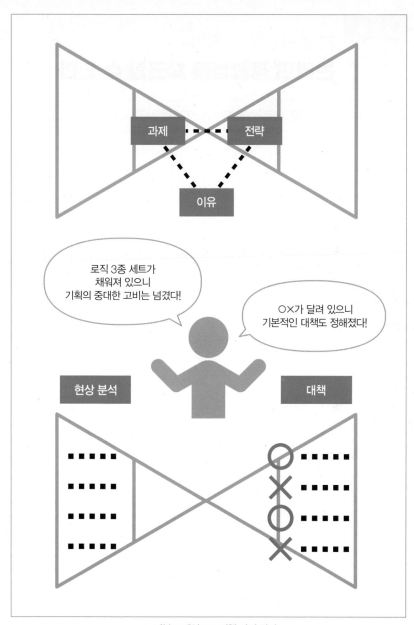

▲ 리본 프레임으로 진행 과정 관리

리본 프레임의 장점
논리의 정합성을 체크할 수 있다

POINT 로직 3종 세트로 철저하게 로직을 갈고닦는다

리본 프레임은 수렴과 확산이라는 인간의 사고 형태를 이용하여 하나의 흐름으로써 기획 작업을 진행하므로, 기본적으로 논리가 자연스럽게 흘러갑니다. 또한 **로직 3종 세트를 통해 철저하게 논리의 정합성을 갈고닦기에 기획서 전체의 타당성이 완벽해집니다.** 하지만 그만큼 어떻게 과제를 실정하는지에 따라 전략의 알맹이가 바뀌기 때문에, 여러 안이 있을 때는 충분하게 토의해야 합니다. 반대로 말하면, 그 토의를 통해 탄탄한 로직이 만들어집니다.

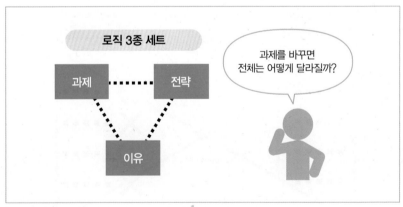

▲ 로직 3종 세트

Check it!

☑ 로직 3종 세트에서 철저하게 논리의 정합성을 갈고닦을 수 있다.

2 - 5
리본 프레임의 장점
빨리 끝낼 수 있다

리본 프레임을 사용하면 뭐니 뭐니해도 기획서를 빠르게 마무리할 수 있다는 장점이 있습니다. 순서에 따라 4가지 프로세스를 거치면 되므로, 진행 방식을 고민할 필요가 없죠. 그리고 시작 단계의 브레인스토밍에서 대책 아이디어를 포함하여 일단 양쪽 끝을 채우는 작업이 포함되어 있으므로, **초기의 좋은 아이디어를 놓치지 않습니다.** 또한 그렇게 브레인스토밍을 통해 나온 대책 아이디어가 현상 분석과 어떤 관계를 맺고 있는지 파악해둠으로써 해결 단계의 전략과 대책 수립 작업의 속도가 빨라집니다.

최초에 나온 아이디어 중에는 나중에 사용할 수 있는 것이 많이 포함되어 있으며, 때에 따라서는 처음부터 해당 아이디어로 진행하자는 결론이 나오기도 합니다. 만약 그렇게 된다면 작업을 한층 더 빠르게 진행할 수 있습니다. 또한 시작 단계부터 대책에 관한 아이디어가 채워진다는 점에서 안도감을 얻고 작업을 진행할 수 있다는 점도 부수적인 효과도 꼽을 수 있겠네요.

그룹 단위로 진행하는 경우, 책임자의 관리 포인트는 **단계별로 스케줄을 미루지 않는 것**입니다. 시간은 금이므로, 질질 끌지 말고 작업을 진행하는 것이 중요합니다.

Check it!

- ☑ 리본 프레임을 이용한 기획 작업은 빠른 업무 진행이 장점이다.
- ☑ 시작 단계의 브레인스토밍을 통해 초기 아이디어를 놓치지 않는 것도 진행 속도를 높이는 이유 중 하나다.
- ☑ 책임자는 단계별로 데드라인을 설정해둔다.

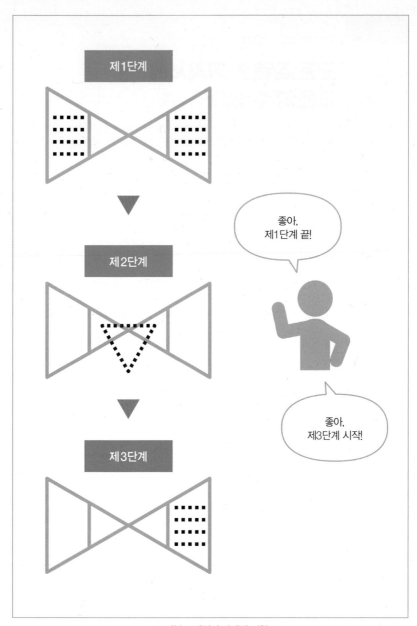

▲ 리본 프레임의 단계별 진행

리본 프레임의 장점
모든 장르의 기획서에
활용할 수 있다

POINT 기획서의 구조는 나라와 장르를 불문하고 어디에나 활용될 수 있다

이 책의 앞부분에서 **기획서의 구조는 세계 공통**이라는 이야기를 했습니다. 리본 프레임은 많은 실적을 바탕으로 만들어졌기에 나라를 불문하고 어떤 장르의 기획서 업무에도 활용할 수 있습니다. 예를 들어 많은 페이지로 구성된, 정보량이 많은 기획서가 필요할 때도 목차 설정의 골격을 바꿀 필요가 없습니다. 반대로 A4 한 페이지짜리 기획서를 만들어야 하거나 프레젠테이션 시간이 3분밖에 없는 상황이라도 리본 프레임에서 각 파트의 골격만 뽑아내어 단축 버전을 만들어 설명할 수 있습니다.

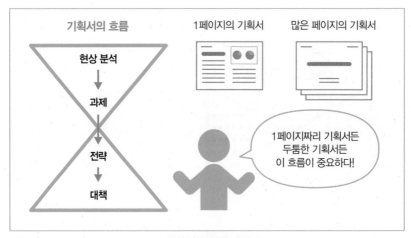

▲ 기획서의 흐름은 똑같다

리본 프레임의 시작

오리엔테이션의 확인: 질문이나 의문이 있다면 바로바로 해결하자

POINT 현상 분석에 들어가기 전의 사전 준비

여기부터는 실제로 기획 작업을 진행해나갈 때 리본 프레임의 단계별로 무엇을 하면 좋은지 이야기합니다. 우선 첫 단계가 중요합니다. 리본 프레임의 ❶ 현상 분석에 들어가기 전에 오리엔테이션의 내용을 확실히 확인해야 하죠. 당연한 이야기지만, 무언가 **작업할 때는 그 작업을 하는 목적과 자신의 역할을 정확히 인식해야 합니다.** 궁금한 점이나 질문거리가 있다면 가능하면 클라이언트에게 물어 곧장 해소하세요. 그 자리에서 묻지 못한 경우에는 나중에 질문하여 답변을 얻어둡니다.

예를 들어 '매출 목표는 있는지', '원하는 타깃이 있는지, 아니면 이 부분은 자신들이 생각해야 하는지', '대책 플랜은 어느 정도로 상세하게 필요한지' 등의 의문을 확인합니다. 물론 작업을 진행함에 따라 클라이언트에게 확인해야 할 새로운 정보가 나오는 일도 종종 있을 테죠. 그런 경우에도 가능하면 빨리 묻고 해소해두도록 합시다. 우리는 클라이언트를 위해 일하는 존재이므로, 클라이언트는 질문에 답하는 것을 꺼리지 않습니다.

시작 단계에서 중요한 것은 기획서 제안과 관련하여 **어느 부분에 초점을 맞춰야 하는지, 즉 중점을 어디에 두어야 하는지**와 제안서를 어느 정도 수준으로 만들어야 하

는지입니다. 어느 정도로 자세한 플랜이 필요한지에 대한 파악이 중요합니다. 이에 더하여 오리엔테이션 때나 질의응답 과정에서 **머릿속에 떠오르는 것을 가능한 한 메모해두는 것**을 추천합니다. 다음 작업인 현상 분석의 실마리가 되기 때문입니다.

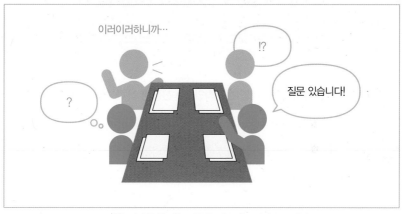

▲ 기획 작업을 할 때는 의문을 해소하는 것이 중요하다

Check it!

☑ 현상 분석 전에 궁금한 점이 있으면 최대한 빨리 해소해둔다.

☑ 질의를 통해 기획서의 초점이나 중점 영역, 제안서의 수준을 파악해둔다.

☑ 오리엔테이션 때나 질의응답 과정에서 머릿속에 떠오른 것을 메모해둔다.

리본 프레임 STEP 1
현상 분석 ①:
먼저 확산적 사고를 사용한다

POINT 기획을 시작할 때는 제약 없이 브레인스토밍한다

사전 준비가 끝났다면 리본 프레임의 시작인 '❶ 현상 분석'에 들어갑니다. 현상 분석은 앞에서 말한 것처럼 오리엔테이션 확인과 관련된 작업이므로 일련의 흐름이라고 생각하세요. 오리엔테이션 전후에 수집한 다양한 정보와 관련하여 머릿속에 떠오른 것도 포함해서 우선 메모해둡니다. 오리엔테이션 문서나 질의응답을 통해 어떤 부분에 초점을 맞춰야 하는지를 판단하면서 점점 정보를 모아나갑니다. 이때 필요한 것이 **확산적 사고**입니다. 또한 3C 분석 등 적절한 분류 항목을 만들어 내용을 정리해둡니다.

기획 작업을 그룹이 함께 진행하는 경우, 가장 중요한 것은 초기 단계에서 모두 함께 모여 진행하는 브레인스토밍입니다. 이때 확산적 사고의 특징을 충분히 살려야 합니다. 다시 말해, **다양한 제약에서 일단 벗어나서 멤버가 각각 원인이나 해결법 등을 자유롭게 말해나가는 세션**을 진행합니다. 앞서도 말한 것처럼 이 타이밍에 나온 아이디어의 원석이 의외로 마지막까지 살아남아 메인 대책이 되는 예가 적지 않습니다. 따라서 브레인스토밍 때 나온 전략과 아이디어는 전부 기재해두는 것이 중요합니다.

■ 리본 프레임의 왼쪽 끝과 오른쪽 끝을 채워본다

다양한 정보가 모였다면 중복된 부분을 정리하고 중요한 것만 압축하여 리본 프레임을

채워나갑니다. 또한 다양한 의견이 나오는 가운데, **왼쪽 끝의 현상 분석 부분과 오른쪽 끝의 대책(아이디어 포함)으로 나눠서 기재**해야 합니다.

비록 정확하지 않은 분석이거나 미숙한 아이디어라도 일단 문장으로 만들어보세요. 계속 얘기하지만, 시작 단계에서 나오는 아이디어에도 기획의 축이 되는 현상 분석이나 대책에 대한 콘셉트가 포함되어 있을 가능성이 크기 때문입니다. 이 부분을 확실히 함으로써 기획 작업의 속도가 큰 폭으로 빨라집니다.

Check it!

☑ 모인 정보를 정리해서 리본 프레임의 양 끝을 채운다.
☑ 시작 단계의 브레인스토밍도 현상 분석이나 대책에 대한 콘셉트로 이어질 수 있는 귀중한 기회가 된다.

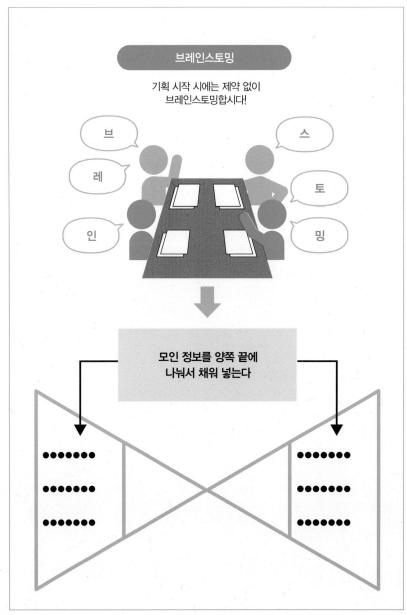

▲ 확산적 사고

리본 프레임 STEP 1
현상 분석 ②: 고객의 시점을 절대 잊지 말자

POINT 누구를 움직이게 할지를 명확히 한다

기획의 대상이나 타깃에는 다양한 수준이 있습니다. 이때 우리가 항상 염두에 두어야 할 것은 '**누구를 움직이게 하는 기획인가?**'라는 'for whom'의 시점입니다. 고객의 시점이라고 말해도 좋겠네요. 즉, 의뢰 사항을 보고 **어떤 부분이 제대로 풀리지 않고 있는지, 그에 따라 고객이 어떤 상태에 있는지를** 헤아려야 합니다.

대개 고객은 물리적인 문제나 심리적인 불만족을 품고 있습니다. 또한 이 때문에 고객이 이탈하기도 합니다. 그때, 고객의 시점에서 생각해봄으로써 상황이 보다 명확해지거나 해결의 힌트가 보이기도 합니다. 즉, 기획 대상이 B2C^{Business to Customer}라면 고객의 상황을 살펴봐야 합니다. 또한 B2B에서도 클라이언트를 '고객'이라고 생각하면 마찬가지입니다. 중요한 것은 비즈니스의 상대 입장이 되어 생각해봐야 한다는 점입니다.

Check it!

- ☑ 누구를 움직이게 하는 기획인지를 생각할 것.
- ☑ 어떤 부분이 제대로 풀리지 않고 있는지, 그에 따라 고객이 어떤 상태에 있는지를 상상한다.

리본 프레임 STEP 1
현상 분석 ③:
긍정적인 정보도 함께 조사한다

POINT 정보 수집은 부진의 원인에만 그쳐서는 안 된다

현상 분석에서 또 한 가지 중요한 점이 있습니다. 클라이언트의 고민이나 과제를 해결하기 위해 **긍정적인 요소와 정보도 함께 수집**해야 한다는 점입니다. 오리엔테이션은 대체로 '이런 부분이 제대로 안 되니까 해결해주었으면 한다'라는 경우가 많지만, 부진 원인만 조사하다 보면 해결책이 마이너스(-)를 플러스(+)로 바꾸는 것에 그치기 쉽습니다. 그것은 그것대로 필요한 작업이지만, **클라이언트의 강점이나 세간의 포지티브한 동향 분석에서 기회를 발견하는 방식** 역시 매우 효과적입니다. 예를 들어, **타사의 사례, 타 업계의 사례 등을 응용하는 케이스입니다.** 이와 같은 작업은 기회를 발견하는 데 매우 중요한 역할을 합니다. 이로써 해결의 단초가 보이기 때문입니다. 또한 제5장 4항 211쪽 참조에서 자세히 논하지만, **현상 분석 페이지에 긍정적인 요소를 채워 넣는 것 자체가 의뢰인에게 용기를 주는 효과가 있으며, 이후의 프레젠테이션에서도 이를 살릴 수 있습니다.**

Check it!
- ☑ 정보 수집에서는 타사 사례를 포함하여 긍정적인 정보도 모은다.
- ☑ 긍정적인 정보는 클라이언트에게 용기를 주는 효과가 있기에 이후의 프레젠테이션에서도 활용할 수 있다.

2-11 리본 프레임 STEP 1
현상 분석 ④:
정리에는 수렴적 사고를 사용한다

POINT 과제나 전략과 어떻게 연결할지 고민한다

어느 정도 정보를 모았다면 신속하게 정리 작업으로 들어갑니다. 여기서 중요한 것은 '**수렴적 사고**'를 해야 한다는 점입니다. **수렴적 사고란 다시 말해, 그 후로 이어지는 과제 설정이나 전략 입안과 본질적으로 연결되는 것이 어떤 것인지 선별하는 작업**입니다. 지금까지는 자유롭게 아이디어를 생각했다면, 이 시점부터는 다음 스텝인 ❷ 과제 설정과 ❸ 전략 세우기 부분에 무엇을 써야 할지 생각하기 시작합니다. 그런 후에 현상 분석 부분에서 남길 정보들로 압축합니다.

여기에서 '현상 정리가 불충분한데 과제나 전략을 생각하는 건 무의미한 일 아닌가?'라고 생각하는 사람이 있을지도 모릅니다. 하지만 **인간의 사고라는 것은 오고 가는 것을 반복함으로써 깊어집니다.** 따라서 현상 분석을 할 때부터 과제와 전략을 의식하는 것이 중요합니다. 이 작업은 다음으로 이어지는 과제 설정과 전략 세우기 항목에서도 마찬가지입니다. 이것이 바로 로직을 구축하는 방법입니다.

Check it!

- ☑ 과제 설정이나 해결을 위해 무엇이 중요하고 어떤 논점을 남겨야 하는지, 수렴적 사고를 사용하여 생각한다.
- ☑ 과제와 전략 부분도 함께 고려하여 생각한다.
- ☑ 그런 후, 현상 분석에 남겨야 할 정보들로 압축한다.

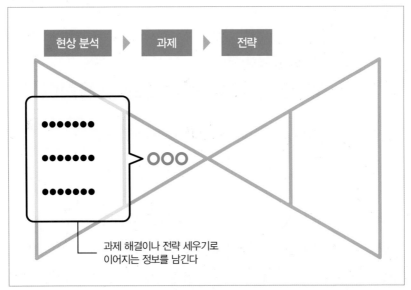

▲ 현상 분석의 정리 비법

2-12

리본 프레임 STEP 2, 3
과제와 전략 ①:
오고 가는 작업이 중요하다

POINT　과제를 다양한 각도에서 적어본다

다음 단계는 ❷ 과제와 ❸ 전략입니다. 앞 단계의 수렴적 사고를 통한 정보 선별 작업에서 이미 과제도 생각하기 시작했죠? 따라서 여기서는 **정리된 현상 분석 항목을 보면서 우선 어떤 과제 설정이 어울릴지를 생각해봅니다.**

제1장 11항 [기획서의 기본 요소] 61쪽 참조에서 과제란 좋은 물음의 설정이며, 현상 분석에서 본질적인 내용을 선별하는 것이 중요하다고 말했습니다. 이 원리에 따라 **과제로 삼을 만한 문장을 다양한 각도에서 적어봅시다. 동시에, 해당 과제를 설정했을 때 전략은 어떤 방식이 될 것인지 시뮬레이션해보세요.** 앞에서 인간의 사고는 오고 감으로써 깊어진다고 말한 것처럼, 여기에서도 **과제와 전략을 오고 가며 조정하여 쌍방을 적절한 표현으로 수렴해나가는 작업이 중요**합니다. 이 방식의 포인트를 정리하면 다음과 같습니다.

1. 현상 분석의 압축을 통해 설정한 과제가 이것으로 좋은가?
2. 그렇게 과제를 설정한 경우, 전략은 어떤 식으로 기재해야 하는가?

이 2가지 시점에서 작업을 진행합니다.

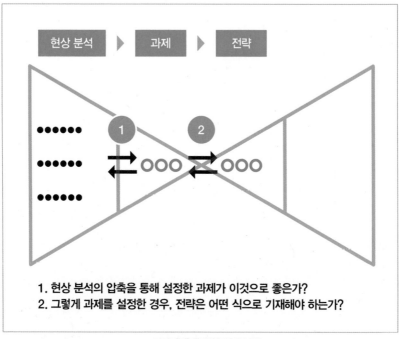

1. 현상 분석의 압축을 통해 설정한 과제가 이것으로 좋은가?
2. 그렇게 과제를 설정한 경우, 전략은 어떤 식으로 기재해야 하는가?

▲ 과제 추출을 위한 정리 비법

알기 쉬운 사례를 들어보죠. 예를 들어 과자 회사인 A사의 신상품 개발 의뢰가 있었다고 칩시다. 현상 분석 결과, A사는 보급 가격대에서 점유율이 높은 상품이 있으며, 해당 가격대에서는 높은 경쟁력을 갖추고 있었습니다. 하지만 이 시장은 이미 성숙해 있고, 향후 성장은 기대하기 어려운 상황입니다.

반면, 고가격대 분야는 향후 전망을 볼 때 시장의 성장이 예상됩니다. 그 이유로는 좋은 소재나 품질을 고집하는 소비자가 늘어날 것이기 때문이라고 분석되었습니다. 하지만 해당 분야에는 아직 A사의 상품이 없는 상태입니다.

이러한 점이 본질적인 과제라고 판단한 경우, '고가격대 시장에 진출'을 과제로 설정합니다. 그리고 그때의 전략은 '고부가가치 브랜드 설립'으로 합니다. 그에 이어지는 구체적인 대책으로서 브랜드 구축이나 설립 방법을 논의하는 흐름으로 만들어나간다는 식입니다. 이처럼 현상 분석에서 대략적인 방침을 얻었다면, 과제 추출과 전략 수립을 오고 가면서 정리해나갑니다.

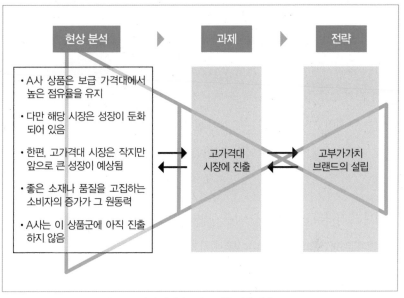

▲ 과자 회사인 A사의 상품 개발 사례

Check it!

☑ 현상 분석을 통해 대략적인 방침을 얻었다면 과제를 적어본다.

☑ 이때 전략도 같이 기재한다. 이후 과제와 전략을 오고 가면서 조정해나간다.

리본 프레임 STEP 2, 3
과제와 전략 ②:
가장 제안하고 싶은 것을 생각하자

POINT 우리가 말하고 싶은 것이 무엇인지 생각해본다

기획 작업을 하다 보면 **과제 설정에 따라 전략이 완전히 달라진다**'는 점을 알 수 있습니다. 그렇기에 제1장에서 '좋은 물음을 세우는 것이 좋은 전략으로 이어진다'라고 과제의 중요성을 말했습니다. 전략 수립 단계는 이래저래 고민이 많아지는 단계입니다. 오고 가는 작업이 발생하지만, 그것을 귀찮게 생각하지 마세요. 전략을 수립하는 테크닉을 몸에 익히는 절호의 기회라고 생각하면 좋습니다.

그렇다면 전략의 기준이 되는 것은 무엇일까요? **답은 '우리가 제안하고 싶은 것은 무엇인가**'로 귀결됩니다. 전략이야말로 기획서의 중심이므로 거기에 우리가 생각하는 것, 말하고 싶은 것을 놓아야 합니다. 이 '우리의 생각'이라는 것은 반대 시점에서 말하자면 의뢰한 클라이언트가 가장 듣고 싶은 것, 즉 클라이언트의 요구 사항입니다.

앞서 든 사례로 돌아가보죠. 현상 분석 단계에서 '보급 가격대에는 중소 회사가 많기에, A사는 아직 점유율을 늘릴 여지가 있다'라는 새로운 분석이 있었고, '고가격대 시장은 외국계 대기업이 앞으로 대량 투자를 할 예정이다'라는 분석이 있었다면 어떨까요? 무조건 고가격대 시장으로 진출하기보다 '보급 가격대의 점유율을 더욱 높인다'라고 과제를 설정하고, '기존 브랜드의 대규모 리뉴얼'

을 전략으로 삼는 방식도 있을 수 있겠죠. 가령 클라이언트가 오리엔테이션에서 신상품 개발을 원한다고 요구했더라도, 이것이 우리가 생각하는 올바른 과제 설정이며 그에 기초한 전략이라면 이런 식으로 바꾸어 제안하는 방법도 있습니다.

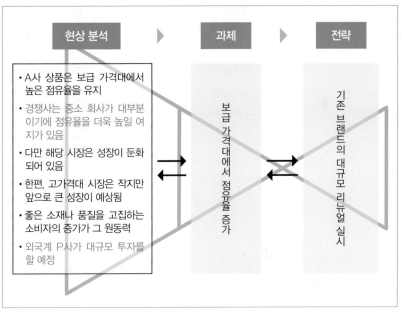

▲ 과자 회사인 A사의 상품 개발 사례_과제 변경

이처럼 과제 설정은 그 후의 전략 수립 방향에 큰 영향을 끼치므로, **현상 분석, 과제와 전략을 오고 가면서 '뭐가 올바른가? 무엇을 제안하고 싶은가?'를 정하고, 동시에 그 이유도 이 단계에서 확실히 남겨두는 것이 중요합니다.** 앞서 제시한 과제 설정의 포인트는 아래의 두 가지였습니다.

1. 현상 분석의 압축을 통해 설정한 과제가 이것으로 좋은가?
2. 그렇게 과제를 설정한 경우, 전략은 어떤 식으로 기재해야 하는가?

거기에 다음 항목을 추가하겠습니다.

3. 그 전략은 우리가 가장 말하고 싶은 것인가?

Check it!

☑ 과제 설정에 따라 전략이 완전히 달라진다.
☑ 그때 의사결정의 포인트는 '우리가 말하고 싶은 것은 무엇인가?'를 생각하는 것이다.

리본 프레임 STEP 2, 3
과제와 전략 ③: 클라이언트가 진짜로 원하는 것을 찾자

POINT 클라이언트의 요구 사항에 초점을 맞춘다

다음으로 앞에서 제시한 과제와 전략을 미묘하게 비튼 예를 하나 소개합니다. 예를 들어 A사의 사례에서 클라이언트의 의뢰 사항에는 적혀 있지 않았지만, 고가격대 시장에 진출하는 것을 거의 기정사실로 간주하고 있고, 그들의 관심사는 '그 경우에 어떻게 진출할 것인지, 그 바탕이 되는 방안'이라는 점이 분명해졌다고 칩시다. 그렇다면 **이에 대응하여 과제와 전략을 미묘하게 바꿔야 합니다.** 이 경우에는 과제를 '어떻게 부가가치가 높은 상품을 만들까'로 삼고, 전략을 'B 상품을 활용한 새로운 프리미엄 브랜드의 출시'로 재설정합니다. 그리고 현상 분석 부분에서도 'A사에는 B상품이라는 부가가치를 키울 수 있는 소재가 있다'고 덧붙입니다.

앞선 내용 111쪽의 그림 참조과 비교하면 전략을 보다 구체적으로 기재할 수 있습니다. **클라이언트의 요구 사항을 파악한 상태에서 이것이야말로 우리가 가장 주장하고 싶은 포인트라는 점이 드러나기 때문입니다.** 그 경우, 현상 분석에는 그 복선, 즉 B 상품이 유력하다는 점을 제대로 언급해두어야 합니다.

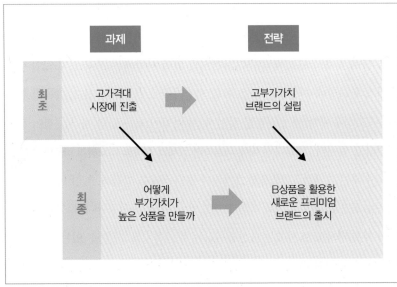

▲ 비틀기의 테크닉 ①

이처럼 **클라이언트의 요구 사항에 맞춰서 리본 프레임에 따라 현상 분석, 과제, 전략 사이를 오고 가는 작업을 거침으로써 기획서가 착실하게 진행되어 나갑니다.**

Check it!

☑ 기획 작업 도중에 클라이언트가 정말로 원하는 포인트가 처음과 미묘하게 달라지는 경우가 있다.

☑ 고객이 진정으로 바라는 요구에 맞춰서 과제와 전략을 조정한다.

리본 프레임 STEP 2, 3
과제와 전략 ④:
전략의 이유를 반드시 기재한다

POINT 전략의 근거를 드러냄으로써 탄탄한 기획서가 된다

자, 과제와 전략이 거의 정해졌다면 전략의 '이유'에 대해서도 기재해둡시다. 이 작업은 그렇게 어렵지 않지만 **기획서에 전략의 근거를 확실히 기재하는 일은 무척 중요합니다.** 계속해서 A사의 신상품 개발 케이스를 들어 설명하자면, 예를 들어 첫 케이스는 과제가 '고가격대 시장에 진출', 전략이 '고부가가치 브랜드의 설립'이었기에 그 이유를 '**A사의 실적을 볼 때 등급이 높은 상품이어도 소비자가 받아들일 가능성이 크다**'라고 설정할 수 있겠죠. 한편, 과제와 전략을 바꾼 케이스에서는 '어떻게 부가가치가 높은 상품을 만들까'가 과제이며 'B브랜드를 활용한 새로운 프리미엄 브랜드의 출시'가 전략이었습니다. 이 전략의 이유는 '**A사는 유력한 B브랜드를 가지고 있으며, 이것을 효과적으로 활용할 수 있다**'라고 기재합니다.

이처럼 과제와 전략을 어떤 식으로 설정하는가에 따라 '이유'도 달라집니다. 그리고 이 이유야말로 주장하는 제안의 근거가 되므로, 제대로 생각해서 기획서에 빠뜨리지 않고 기재합니다. 그렇게 함으로써 **탄탄한 기획서가 완성**됩니다.

Check it!

☑ 해당 전략을 설정한 이유를 명확히 기재하면 탄탄한 기획서가 된다.

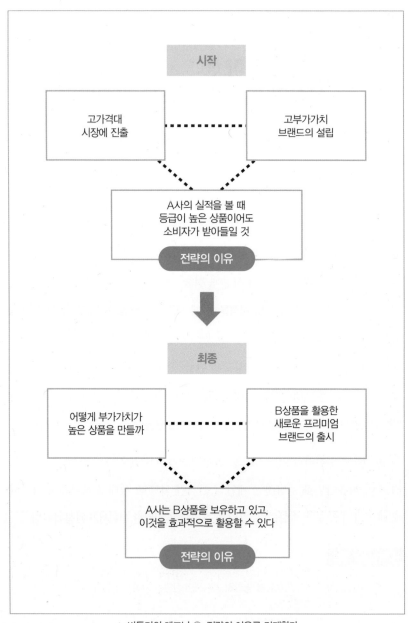

시작

고가격대
시장에 진출

고부가가치
브랜드의 설립

A사의 실적을 볼 때
등급이 높은 상품이어도
소비자가 받아들일 것

전략의 이유

최종

어떻게 부가가치가
높은 상품을 만들까

B상품을 활용한
새로운 프리미엄
브랜드의 출시

A사는 B상품을 보유하고 있고,
이것을 효과적으로 활용할 수 있다

전략의 이유

▲ 비틀기의 테크닉 ②_전략의 이유를 기재한다

리본 프레임 STEP 4
대책 ①:
대책은 이미 처음부터 나와 있었다

POINT 대책에서 타당성과 효과를 체크한다

다시 리본 프레임의 특징으로 돌아가서 대책 항목을 어떻게 풀어낼 것인지 알아봅시다. 그런데 사실 전략에 따른 좋은 대책이 떠오르지 않는 경우는 많지 않습니다. 왜냐하면 현상 분석 및 브레인스토밍 단계에서 대책에 관한 아이디어가 이미 몇 개쯤 떠오른 상태이며, 과제와 전략으로 압축하는 단계에서 그와 연관된 대책이 이미 존재하기 때문입니다. 이 시점에는 그렇게 나온 대책에 O×를 달고, 남아 있는 유력한 대책을 부풀려나가면 됩니다. 그렇게 하면 작업을 빠르게 진행할 수 있습니다.

다음으로 대책을 더욱 정밀화하는 작업에 들어갑니다. 정밀화의 기준은 '타당성(실행 난이도와 비용)×효과'입니다. 제아무리 훌륭한 대책이라 해도, 실행할 여지가 없다면 아무런 의미도 없습니다. 또한 대책마다 효과가 발휘되는 정도에도 차이가 존재합니다. 그런 관점에서 보더라도 더욱 압축하고 정밀화하는 작업이 필요합니다. 타당성을 따질 때는 투자 금액이나 시간 축의 균형도 살펴보며 신중하게 정해야 합니다. 이런 부분은 경험자나 전문가의 조언을 받는 것이 좋겠죠. 동시에 기획서에 대략적인 비용과 스케줄을 명기함으로써 대책의 실현성을 듣는 이에게 보다 구체적으로 전할 수 있습니다.

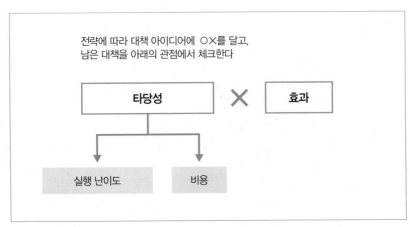

▲ 대책 정밀화의 기준

리본 프레임 STEP 4
대책 ②:
병렬로 나열하는 편이 좋은 경우

POINT　객관적으로 평가할 수 있게 한다

클라이언트가 폭넓은 아이디어를 요구할 때도 있습니다. 예를 들어, 광고에 관한 아이디어를 요구하는 경우가 이에 해당합니다. 클라이언트는 자신들이 선택할 수 있게끔 여러 안을 제시해주기를 바라기도 합니다. 이런 경우, 여러 안을 제시한 후 마지막에 **각 안이 차지하는 위치와 장단점을 표시하여 객관적으로 평가할 수 있도록 하세요. 또한 그중에서 어떤 안을 가장 추천하는지 미리 정해두는 것이 좋** 습니다. 아래 그림은 여러 광고안을 제시하고 각각의 장점과 단점을 열거한 예시 표입니다.

광고	장점	단점	추천
A안	임팩트가 있고 인지도 상승효과가 있다	쉽게 질린다	
B안	젊은 층의 공감을 얻을 수 있다	모든 세대에 통용되는 범용성이 낮다	○
C안	인센티브가 강력하여 실제 구입으로 이어지기 쉽다	브랜드 인지력 상승으로 이어지지 않는다	

▲ 각 광고안의 장점 · 단점 표

Check it!

☑ 고객이 폭넓은 아이디어를 요구하는 경우, 여러 대책을 제안한다.
☑ 그런 경우, 각 안의 장단점을 명시한다.

리본 프레임 STEP 4
대책 ③:
대책을 조합하고 입체화한다

POINT　대책의 연동 효과와 시간순 전개를 생각한다

비교적 예산 규모가 큰 경우 혹은 장기간(예를 들어 1년 이상)에 걸친 활동을 기획하는 경우에는 **여러 대책을 조합하고 입체화**합니다. 리본 프레임의 오른쪽 끝에 기재한 대책을 들여다보면, 서로 관련을 맺고 있는 경우가 있습니다. 조합하고 입체화한다는 것은 **각 대책이 어떤 식으로 이어져 있는지, 대책의 연동 효과와 시간순 전개를 생각하는 것**을 말합니다. 광고대행사에서는 이것을 캠페인 발상이라고 부릅니다. **여러 대책을 조합하여 중층적으로 전개하는 방법은 인지도 상승효과와 브랜딩 효과를 얻기 쉬운 기법**입니다. 이 경우, **대책을 조합했을 때 어떤 식의 상승효과가 발휘하는지 데이터 등으로 보여주면** 클라이언트를 설득하는 데 큰 도움이 됩니다. 다음 쪽 위 그림 참조

한편, 장기적인 활동을 목표로 하는 기획이라면 대책을 시간순으로 플롯화하고, 다양한 활동을 어떤 식으로 연결하여 목표를 달성해나갈 것인지 알기 쉽게 나타내야 합니다. 이때는 시간순으로 표시한 표를 만들어 시기를 나누고, 목적과 해야 할 일을 명시하면 효과적입니다. 다음 쪽 아래 그림 참조

Check it!

- ☑ 대책의 연동 효과나 시간순 전개를 생각한다.
- ☑ 캠페인 발상이 효과적이다.

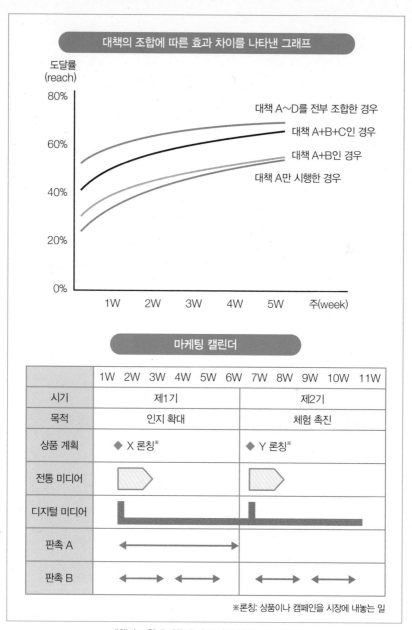

대책의 조합에 따른 효과 차이를 나타낸 그래프

도달률
(reach)

대책 A~D를 전부 조합한 경우
대책 A+B+C인 경우
대책 A+B인 경우
대책 A만 시행한 경우

마케팅 캘린더

	1W 2W 3W 4W 5W	6W 7W 8W 9W 10W 11W
시기	제1기	제2기
목적	인지 확대	체험 촉진
상품 계획	◆ X 론칭※	◆ Y 론칭※
전통 미디어		
디지털 미디어		
판촉 A		
판촉 B		

※론칭: 상품이나 캠페인을 시장에 내놓는 일

▲ 대책의 조합에 따른 효과 차이와 시간순 전개표의 예

✎ Memo

RIBBON
FRAME

제3장

리본 프레임을
응용한 기획 정리법
실전 연습

연습 1 친구의 고민을 들어주는 기획
연습 2 동네 서점의 부활을 위한 기획

3 - 1

리본 프레임의 시작

오리엔테이션: 카페에서 친구의 고민을 들을 때

POINT 기획의 발상과 정리는 카페에서 나누는 고민 상담과 닮았다

지금부터는 연습을 통해 실제로 기획을 어떻게 발상하고 정리하는지 2가지 사례를 사용해 자세히 설명합니다. 처음에는 친숙한 사례부터 이야기해보죠. 제가 오랜 기간 경험을 통해 깨달은 결론은 **기획의 발상과 정리의 프로세스는 '카페에서 나누는 고민 상담'과 닮았다**는 점입니다. 무슨 말일까요? 예를 들어, 여러분이 친한 친구 D의 고민 상담을 해주는 상황을 떠올려보세요. 그때 친구의 고민을 듣는 자신의 머리가 어떻게 움직이는지, 그 순서를 참고하면 됩니다. 상담을 해주는 여러분은 다음과 같은 3가지를 생각하게 됩니다.

① 상대의 고민을 잘 듣는다
② 고민의 원인을 추정한다
③ 고민의 해결책을 생각한다

우선 '① 상대의 고민을 잘 듣는다'부터 시작합니다.

"나 요새 너무 화를 잘 내는 것 같아." 이것이 상대의 고민이라고 칩시다. 이 말을 들은 순간, 여러분은 다양한 것을 머리에 떠올리게 될 겁니다. 뇌가 순식간에 준비운동을 시작하는 거죠. 간단하지만 이것을 하나의 오리엔테이션이라고 생각합시다. 그 후 여러분은 어떻게 대응하는지를 상상해보세요.

▲ 카페에서 친구의 고민을 들었을 때

☑ 기획 발상의 프로세스는 카페에서 나누는 고민 상담을 떠올리면 알 수 있다.

3 - 2

리본 프레임 STEP 1

현상 분석 ①:
고민을 들었을 때 가장 먼저 하는 일

POINT 고민의 원인을 추측하면서 그 해결법을 동시에 생각한다

'최근 화를 잘 낸다'는 고민을 들은 사람은 어떻게 행동할까요? 도대체 어떤 상황에서 어떻게 화를 내는지, 맞장구와 질문을 섞어가면서 상대에게서 미주알고주알 필요한 정보를 듣게 되겠죠. 또한 이때 상대의 표현이나 표정도 살피게될 겁니다. 상대가 어떤 표현을 쓰고 어떤 표정으로 고민을 호소하는지를 보면서 그 상황을 떠올립니다. 또한 D의 성격이나 평소의 언행과 같은 정보도 포함해서 여러분은 고민의 원인을 추론하겠죠. 그리고 이것이 중요한 포인트입니다. **여러분은 고민의 뿌리를 추측하면서도 그 해결법도 동시에 생각하지 않나요?** 예를 들어 '고민의 원인이 이것이라면, 이렇게 하면 되지 않을까?'라거나, '그래도 그게 아니라고 하면 다른 대책이 필요하겠네'처럼요.

이처럼 인간의 뇌는 현상 분석을 하는 동시에 '그렇다면 이렇게 하면 되겠다'라고 **곧장 결론도 생각한다**는 말입니다. 카페에서 친구의 고민을 들을 때 생각하는 것들 중 '② 고민의 원인을 추정한다'와 '③ 고민의 해결책을 생각한다'는 거의 동시에 이루어집니다. **리본 프레임에서는 이와 같은 인간 뇌의 움직임을 살려, 현상 분석을 하면서 동시에 떠오른 대책도 확실히 채워나가는 것입니다.**

▲ 고민의 원인과 해결책을 동시에 생각한다

☑ 우선 고민의 원인을 상상하게 된다.
☑ 그리고 동시에 해결책도 떠올린다.

3 - 3

리본 프레임 STEP 1
현상 분석 ②:
리본 프레임의 왼쪽 끝을 채운다

POINT 원인에 대한 다양한 가설을 기재한다

앞서 소개한 인간 사고 회로의 특징을 바탕으로 리본 프레임 작성에 들어가봅시다. 여러분은 D의 이야기를 들으면서 그녀가 최근 화를 잘 내는 원인에 대해 다양하게 생각해봤습니다. 예를 들어,

→ 너무 바빠서

→ 식생활이 불규칙하고 편중되어 있어서

→ 남편이 가사를 분담하지 않아서

등등 다양한 가설이 여러분의 머릿속에 떠오르겠죠.

이것들을 전부 리본 프레임의 왼쪽 '현상 분석' 부분에 적습니다. 다음 쪽의 그림 참조

Check it!

☑ 우선 리본 프레임의 왼쪽 끝을 채운다.

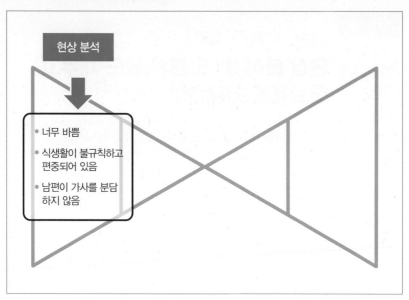

▲ 리본 프레임의 왼쪽 끝을 채운다

3 - 4

리본 프레임 STEP 1

현상 분석 ③: 오른쪽 끝도 채우고 화살표로 연결한다

POINT 화살표를 이용하면 과제 압축 작업을 하기 쉬워진다

다음으로 해야 할 일을 알아보죠. 여러분은 원인을 생각할 때 동시에 해결책도 생각하고 있으므로, 머리에 떠오른 것을 낭비하지 말고 오른쪽의 ❹ 대책 부분에 전부 메모해둡니다. 예를 들어 '너무 바쁜 것'이 원인이라면 '아침에 조금 일찍 일어나 명상이라도 하면 어떨까? 그럼 리프레시되지 않을까?'라고 생각합니다. 그러면 '아침에 명상한다'가 대책이 되므로 이것을 메모해둡니다. 또한 '식생활이 불규칙하고 편중되어 있는 것'이 원인이라면 '건강 보조 식품을 사서 영양 불균형을 회복하는 것이 가장 빠른 방법 아닐까? 분명 좋은 건강 보조 식품이 있었는데'라고 생각합니다. 혹은 '남편이 가사를 분담하지 않음'이 원인이라면 '평등한 가사 분담을 제안하는 것이 좋지 않을까'라고 생각합니다.

예상한 원인과 떠오른 **각각의 해결 아이디어를 리본 프레임의 오른쪽 끝 ❹ 대책에 메모하고, 왼쪽 끝의 ❶ 현상 분석과 '화살표'로 연결하여 대응 관계를 표시합니다.** 다음 쪽의 그림 참조 그렇게 하면 **원인 추정과 해결 대책의 관계가 한눈에 파악되며, 다음 스텝인 '과제'의 압축을 매우 쉽게 할 수 있게 됩니다.** 이 방식을 이용함으로써 결과적으로 기획 작업의 속도가 빨라집니다.

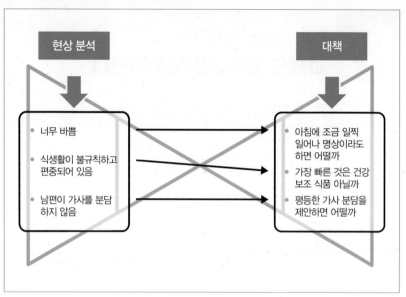

▲ 리본 프레임의 오른쪽 끝을 채우고, 화살표로 연결한다

☑ 리본 프레임의 오른쪽 끝 '대책'도 채우고, '현상 분석'과 화살표로 연결한다.

3 - 5

리본 프레임 STEP 2, 3
과제와 전략: 전략을 정한다

POINT 원인을 특정하고 '로직 3종 세트'를 만든다

자, 리본 프레임의 양쪽 끝이 채워졌다면 **'과제'**를 압축하고 **'전략'**과 **'이유'**의 **로직 3종 세트를 만듭니다.** D의 예로 돌아가면, 고민을 듣다 보니 역시 '너무 바빠서 여유가 없다'가 원인이라는 점을 알게 되었습니다. 그렇다면 과제는 '어떻게든 여유 시간을 만든다'로 좁혀집니다. 이 과제를 바탕으로 로직 3종 세트를 만들어봅시다.

그리고 **전략은 곧 해결 방안인데, 실은 이미 대책 부분에서 생각해두었지요. '아침에 조금 일찍 일어나 명상을 하는 건 어떨까?'라고 여러분은 이미 떠올린 상태이므로, 그것을 적용하면 됩니다.** 다만, 이를 기재할 때는 주의해야 합니다. '아침에 명상한다'는 어디까지나 대책에 해당합니다. **전략 항목은 이 내용을 포함하는 조금 더 큰 개념으로 적습니다.** 여기에서는 '아침 시간을 활용한다'로 정했습니다.

그리고 **마지막에 전략의 이유를 기재합니다.** 왜 아침 시간을 활용하는 것이 좋다고 생각했는지, 새삼 다시 생각해보니 '아침에 일찍 일어나면 건강에 좋고, 아침 시간을 활용하면 남편의 간섭을 받지 않을 수 있으니까'라는 이유가 떠올랐습니다. 이 뇌의 사고 회로를 리본 프레임에 반영하면, 과제는 '어떻게든 여유 시간을 만든다', 전략은 '아침 시간을 활용한다', 이유는 '아침에 일찍 일어나면 건강에 좋고, 남편의 간섭도 받지 않을 수 있다'가 됩니다.

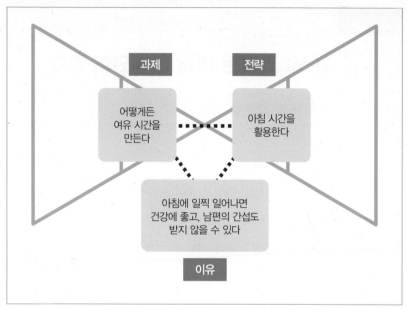

▲ 로직 3종 세트를 만든다

Check it!

☑ 어느 하나를 정해서 '로직 3종 세트'를 만든다.

3 - 6 리본 프레임 STEP 4
대책: 기획은 이미 완성되어 있다

POINT 리본 프레임으로 설득해본다

여기까지 적었다면 기획은 이미 완성된 것이나 마찬가지입니다. 왜냐하면 '현상 분석', '과제'의 압축, 해결하는 '전략', 그에 맞는 '대책'의 아이디어가 이미 리본 프레임에 나타나 있기 때문입니다. 다만 한 가지, **대책의 아이디어를 구체화할 필요가 있습니다.** 최초의 아이디어는 '아침에 명상을 하면 어떨까?'였습니다. 그런데 둘의 직장 근처에 오전에 운영하는 체육 센터가 있으며 그곳에서 마인드풀니스 프로그램을 운영한다는 것을 알고 있기에, 여러분은 이 정보를 활용해 구체적인 대책으로 삼기로 합니다.

이제 여러분은 D에게 이런 조언을 할 수 있습니다. "D의 고민을 듣고 원인을 생각해보니, 역시 너무 바빠서 여유가 없기 때문 아닐까 싶어. 그러니까 하루 중에 어떻게든 여유 시간을 만드는 게 좋겠어. 그럼 아침 시간을 활용하는 건 어때? 1시간 정도 집에서 일찍 나오면 남편도 크게 신경쓰지 않을 것 같아. 사실 아침에 일찍 일어나면 건강에도 좋고 말이야. 내가 들었는데 우리 회사 근처에 오전에도 운영하는 체육 센터가 있대. 이 체육 센터에서 운영하는 프로그램 중에 마인드풀니스Mindfulness라는 것이 있다고 하더라고. 시험 삼아 해보는 건 어때?"

이렇게 조언한다면 앞뒤가 훌륭하게 맞는 분석과 제안이 되겠죠. 이처럼 카페에서 나누는 상담은 기획 작업의 본보기를 나타내고 있다고도 말할 수 있습니다. 그러니 **기획 작업을 너무 어렵게 생각하지 말고, 이 순서를 떠올리면서 리본 프레임에 반영하면 효율적으로 작업할 수 있습니다.**

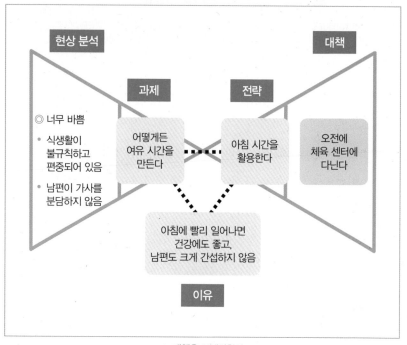

▲ 대책을 구체화한다

Check it!

☑ 리본 프레임이 채워졌다면 대책을 구체화한다.
☑ 완성되면 리본 프레임의 흐름에 따라 상대방을 설득해본다.

3 - 7

리본 프레임의 시작

오리엔테이션:
동네 서점의 상담 요청

POINT 자신이 이상적이라고 생각하는 서점부터 떠올려본다

두 번째 연습은 클라이언트의 의뢰 사항이 명확한 사례를 가지고 진행해보겠습니다. 제목은 '동네 서점의 부활을 위한 기획'입니다. 어느 서점의 주인에게서 이런 상담 요청이 들어왔다고 칩시다. "요즘 매출이 계속 감소하고 있는 우리 서점을 다시 키우고 싶어요. 어떤 방안을 세우면 좋을까요?" 일단 여러분이 사는 동네의 서점을 떠올려보기 바랍니다. 참고로 이 서점 주인에 대한 정보는 다음과 같습니다. 어릴 때부터 책을 무척 좋아하고 책에 꽤 박식합니다. 또한 고객에게 친절해서 단골도 많고, 상점가의 임원도 맡고 있습니다. 위와 같은 정보를 보면 우선 어떤 이미지가 떠오르나요? 다음 항목에서부터 하나씩 생각해봅시다.

> **!** 요즘 매출이 계속 감소하고 있는
>
> **!** 우리 서점을 다시 키우고 싶다
>
> **!** 어떤 방안을 세우면 좋을까

▲ 오리엔테이션의 요지

Check it!

☑ 우선 오리엔테이션 내용을 제대로 읽고 확인한다.

3 - 8

리본 프레임 STEP 1

현상 분석: 부진의 원인과
해결책을 동시에 생각한다

POINT 비결은 긍정적인 요소도 추출하는 것

■ 우선 시장에서 무슨 일이 벌어지고 있는지, 자신들이 어떤 위치에 서 있는지 조사한다

자, 첫 단계에서 해야 할 일은 시장 전체에서 무슨 일이 벌어지고 있는지 조사하는 것입니다. 자신들이 지금 어떤 위치에 있는지 **'현상 분석'**을 하는 거죠.

(1) 시장 전체와 자신의 위치를 파악한다

인터넷에서 관련 데이터를 검색해보니 2가지 기사가 눈에 들어왔습니다. 하나는 서점 수가 계속 우하향하고 있고, 특히 동네의 중소 서점에서 이러한 현상이 두드러지게 나타난다는 점입니다. 또 하나는 사람들이 책 자체를 그다지 읽지 않게 되었다는 점, 오프라인 서점이 아니라 온라인에서 책을 사는 사람이 많다는 점입니다. 이 기사들을 통해 서점을 둘러싼 상황 및 매출 부진의 원인을 알게 되었습니다. 특히, 동네 서점이 가장 내몰려 있어 꽤 뿌리 깊은 문제라는 점을 인식했습니다.

다음으로 해야 할 일은 **고민이나 문제점을 해소하기 위해 무언가 긍정적인 정보나 해결의 힌트가 되는 정보를 찾는 것**입니다.

(2) 문제점을 해결할 수 있는 긍정적인 정보를 추출한다

책을 좋아하는 사람들은 동네 서점이 사라지고 있는 현 상황을 애석하게 여긴 다는 기사가 많았습니다. 어떤 느낌인지 알 것 같네요. 저도 책은 직접 만지면서 고르는 것을 좋아하기 때문입니다. 또 하나, 그런 가운데서도 건투하고 있는 서 점은 없는지 찾아봤습니다. 그러자 몇 개의 예시가 나왔습니다. 하나는 '빌리지 뱅가드'라는 서점인데요, 이 가게는 책 말고 잡화류도 갖추고 있으며, 책을 읽은 소감을 손으로 쓴 POP 등으로 꾸며 아기자기한 느낌이 넘치는 진열대로 호평 을 받고 있습니다. 또 하나는 'B&B'라는 서점입니다. 여기서는 매일같이 작가 나 출판 관계자를 불러 토크 이벤트를 열고 있고, 책을 좋아하는 사람이 모여 붐 빈다는 특징이 있습니다. 이런 사례들은 써먹을 수 있겠다는 생각이 드니까 일 단 적어둡니다.

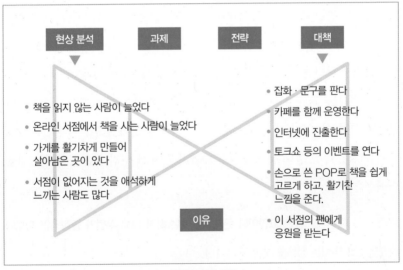

▲ 현상 분석과 대책 1

■ 리본 프레임의 양쪽 끝을 채운다

위와 같은 관점에서 모은 정보를 적고, 조목별로 정리해둡니다. 그리고 이것을 바탕으로 리본 프레임의 양쪽 끝을 채워나가는 것이 다음 작업입니다. 여기에서는 편의상 한 단계 더 발달한 정리 방법으로서, **문제점과 기회**라는 형태로 정리했습니다. 우선 왼쪽 끝에 **문제점**으로 열거한 것은 첫 번째가 '책을 읽지 않는 사람이 늘었다', 두 번째가 '온라인 서점에서 책을 사는 사람이 늘었다'입니다. 한편, **기회**로는 첫 번째가 '가게를 활기차게 만들어 살아남은 곳이 있다', 두 번째가 '서점이 없어지는 것을 애석하게 느끼는 사람도 많다'입니다.

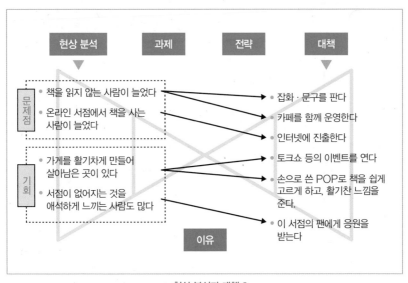

▲ 현상 분석과 대책 2

다음으로 이들 분석에 대응해서 나온 대책 아이디어를 살펴보죠. 독서 인구가 줄었다는 것에 대한 대응책은 '책뿐 아니라 잡화나 문구도 판다' 혹은 '카페를 함께 운영한다'입니다. 또한 온라인 서점에 대한 대응책으로 '자체적으로 인터넷에 진출한다'도 생각했습니다. 이 대책들은 책 자체의 매출 부진이라는 문제점을 해소하기 위한 대응이므로 오른쪽 끝의 상단에 기재해둡니다.

추가적인 대책 아이디어로 '토크쇼 등의 이벤트를 연다', '손으로 쓴 POP로 책을 쉽게 고르게 하고, 활기찬 느낌을 준다', '이 서점의 팬에게 응원을 받는다'를 열거했습니다. 이들은 기회의 관점에서 발생한 대책이기에 오른쪽 아래에 기재합니다. 이처럼 양쪽 끝을 채워나가면 과제 압축에 참고가 되는 동시에, 효과적인 해결법과 연관 지어 생각할 수 있다는 장점이 있습니다.

Check it!

☑ 현상 분석 시 부진의 원인을 찾는 것과 더불어 긍정적인 요소와 사례를 추출한다.
☑ 그리고 동시에 해결책도 떠올리면서 리본 프레임의 양쪽 끝을 채운다.

3 - 9

리본 프레임 STEP 2
과제: 고객에 주목하여
적절한 과제를 설정한다

POINT 고객 수를 꼭 10배 이상으로 만들 필요는 없다

다음은 '과제'의 압축입니다. 이 경우, 문제점 중 첫 번째인 '책을 읽지 않는 사람이 늘었다'는 출판업계의 구조적인 문제입니다. 일개 동네 서점이 대처하기에는 너무 어려운 문제이며 해결이 불가능하다고 생각했습니다.

한편, 기회의 관점에서 찾아낸 두 가지 포인트, '가게를 활기차게 만들어 살아남은 곳이 있다', '서점이 없어지는 것을 애석하게 느끼는 사람도 많다'는 좋은 문제 해결의 실마리가 될 것 같네요. 과제란 좋은 물음을 세우는 것이라고 했습니다. 이 경우의 좋은 물음이란 무엇일까요? 저는 **이 서점의 고객에 주목**했습니다. 동네에 있는 자그마한 서점이므로 대형 서점과 달리 고객 수가 애초에 정해져 있으며, 고객 수를 10배로 키워야 하는 목표가 있는 것도 아닙니다.

하지만 요즘은 편리함 때문에 온라인 서점을 이용하는 사람이 늘었기에 그만큼 동네 서점을 찾는 고객이 줄어든 것이 실태입니다. 그렇다면 **무언가 온라인 서점에는 없는 부가가치를 찾아서 가게를 방문할 동기를 잃은 고객을 되돌리는 것이 현실적이지 않을까** 생각했습니다. 더욱이 이 동네 서점의 고객은 이 서점의 점주에 대한 공감이 있을 테니까요. 이런 사고가 '좋은 물음'의 설정으로 이어집니다. 따라서 과제를 '온라인 서점으로 넘어간 과거의 고객을 되돌리는 방법을 도모한다'로 설정했습니다.

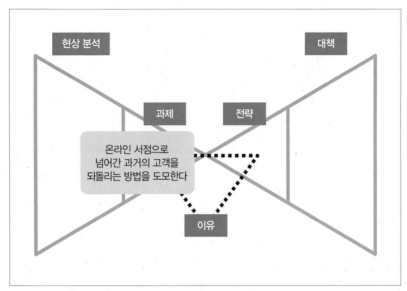

▲ 과제 설정

☑ 고객의 상황을 추정하고, 적절한 과제를 설정한다.

144

3-10 리본 프레임 STEP 3
전략: 전략과 이유를 동시에 생각한다

POINT 결과적으로 '로직 3종 세트'가 된다

과제를 결정했다면 다음은 과제를 해결하는 **'전략'**과 그 **'이유'**를 적습니다. 이른 바 **'로직 3종 세트'**를 완성하는 것입니다. 결론부터 말하면, 과제를 해결하는 전략은 '고객이 기뻐할 이벤트를 열어 동네 서점의 좋은 점을 실감하게 한다'로 정했습니다.

이 전략을 어떻게 도출했을까요? 우선 온라인 서점으로 넘어간 고객을 되돌리기 위해 온라인 서점에는 없는 부가가치란 무엇인지를 생각하는 것에서 시작했습니다. 그 자체가 실은 전략의 이유가 됩니다. 즉 **'실물의 책을 만지는 것의 좋은 점을 어필함으로써 고객이 되돌아보게 할 수 있다'라는 방안을 바탕으로 삼고, 그러기 위해서는 '고객을 모집하는 이벤트를 열면 되지 않을까' 하는 전략에 다다랐다는** 말입니다. 전략(=해결 방안)과 그 이유는 다음 쪽의 그림처럼 간결하게 기재하는 것이 포인트입니다. 그럼으로써 **로직 3종 세트(과제, 전략, 이유)의 관계가 가시화되고 로직이 제대로 통하는 기획서의 토대가 만들어집니다.** 자, 이것으로 로직 3종 세트가 완성되었습니다.

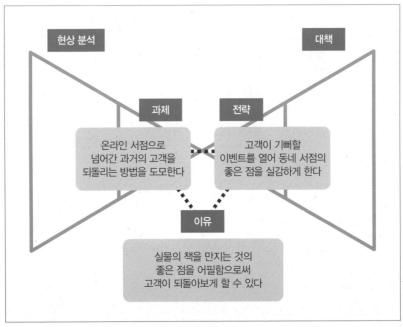

현상 분석 | 대책

과제 | 전략

온라인 서점으로
넘어간 과거의 고객을
되돌리는 방법을 도모한다

고객이 기뻐할
이벤트를 열어 동네 서점의
좋은 점을 실감하게 한다

이유

실물의 책을 만지는 것의
좋은 점을 어필함으로써
고객이 되돌아보게 할 수 있다

▲ 로직 3종 세트

146

3-11
리본 프레임 STEP 4
대책: 전략에 따른 대책을 다듬어나간다

POINT 이벤트뿐 아니라 SNS 대책을 추가로 설정한다

리본 프레임의 마지막 단계에서 해야 할 일은 '대책'을 정밀화하는 것입니다. 전략이 정해졌기에 그에 따라 대책을 압축하거나 새롭게 생각하면 됩니다. 우선 처음에 기재한 대책 중 그다지 적합하지 않은 대책에는 ×를 달고 삭제합니다. 그리고 전략과 어울리는 것에 ○를 달고 그 문장을 다듬어나갑니다.

그렇게 수정한 것 중 하나는 '이 서점에 어느 정도 인기가 있는 작가를 불러서 음료를 제공하는 **토크 이벤트**를 연다'이며, 또 하나는 **비블리오 배틀**Biblio Battle입니다. 이것은 '이 서점의 팬에게 응원을 받는다'라는 처음의 대책을 보다 구체화한 것입니다. 비블리오 배틀이란 2명의 독자에게 자신이 좋아하는 책을 선정해 그 매력이나 감동 포인트 등을 말하게 하고, 이를 본 관중이 어느 프레젠테이션이 자신의 마음을 움직였는지 투표하여 경쟁하는 게임입니다. 그리고 마지막으로 **'서점의 카카오톡 채널을 만들어서 정기적으로 정보를 제공한다'**를 새롭게 추가했습니다. 카카오톡 채널을 통해 생생한 정보를 제공하면 단골 고객 유지와 방문 촉진으로 이어지리라 생각한 것입니다. 자, 이들 3가지 대책을 실행함으로써 리본 프레임이 완성되었습니다. 이제 기획서에 담기만 하면 됩니다.

Check it!

☑ 전략에 따른 대책으로 압축하고 정밀화한다.

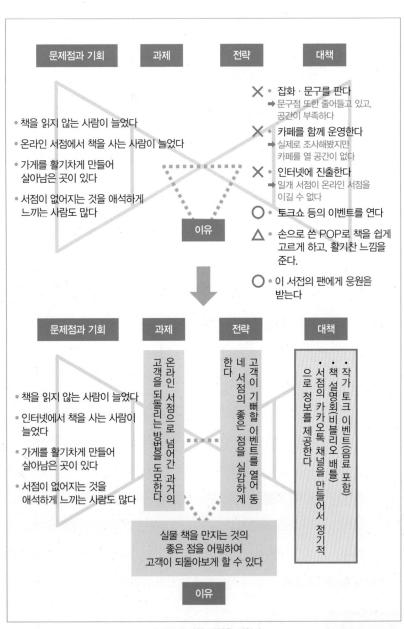

문제점과 기회	과제	전략	대책

- 책을 읽지 않는 사람이 늘었다
- 온라인 서점에서 책을 사는 사람이 늘었다
- 가게를 활기차게 만들어 살아남은 곳이 있다
- 서점이 없어지는 것을 애석하게 느끼는 사람도 많다

이유

✕ • 잡화 · 문구를 판다
→ 문구점 또한 줄어들고 있고, 공간이 부족하다

✕ • 카페를 함께 운영한다
→ 실제로 조사해봤지만 카페를 열 공간이 없다

✕ • 인터넷에 진출한다
→ 일개 서점이 온라인 서점을 이길 수 없다

○ • 토크쇼 등의 이벤트를 연다

△ • 손으로 쓴 POP로 책을 쉽게 고르게 하고, 활기찬 느낌을 준다.

○ • 이 서전의 팬에게 응원을 받는다

문제점과 기회	과제	전략	대책

- 책을 읽지 않는 사람이 늘었다
- 인터넷에서 책을 사는 사람이 늘었다
- 가게를 활기차게 만들어 살아남은 곳이 있다
- 서점이 없어지는 것을 애석하게 느끼는 사람도 많다

온라인 서점으로 넘어간 과거의 고객을 되돌리는 방법을 도모한다

고객이 기뻐할 이벤트를 열어 동네 서점의 좋은 점을 실감하게 한다

작가 토크 이벤트(음료 포함)
책 설명회(비블리오 배틀)
서점의 카카오톡 채널을 만들어서 정기적으로 정보를 제공한다

실물 책을 만지는 것의 좋은 점을 어필하여 고객이 되돌아보게 할 수 있다

이유

▲ 전략에 따른 대책을 정한다

3-12

리본 프레임 STEP 정리
3가지 포인트만 기억하자

POINT 확산·압축·정밀화의 흐름

리본 프레임을 통해 지금까지의 작업 과정을 정리해봅시다. 작업은 크게 봐서 **확산, 압축, 정밀화의 세 흐름**으로 구성되어 있습니다.

(1) 확산: 리본 프레임의 양쪽 끝을 채운다

우선 확산적 사고를 발휘하는 단계입니다. 오리엔테이션 내용을 확인하고 개인이나 팀이 생각한 것을 정리하여 리본 프레임의 양쪽 끝을 채웁니다. 뇌는 원인과 해결책을 동시에 생각한다는 특징을 살려서 기재합니다.

(2) 압축: 로직 3종 세트를 만든다

다음은 수렴적 사고를 발휘하는 단계입니다. 양쪽 끝을 보면서, 이 경우의 좋은 물음 설정은 무엇인지를 생각하고 과제로서 압축합니다. 그런 후에 전략과 이유를 생각하여 '로직 3종 세트'를 만듭니다.

(3) 정밀화: 대책을 세밀하게 다듬어나간다

이것으로 리본 프레임은 거의 채워졌기에, 마지막으로는 전략에 따른 대책으로 압축하고 연관성이 있는 대책을 더합니다. 그리고 각각의 대책을 다듬고 정리합니다.

아래 그림은 리본 프레임을 바탕으로 한 작업 흐름을 간단히 도식화한 것입니다.

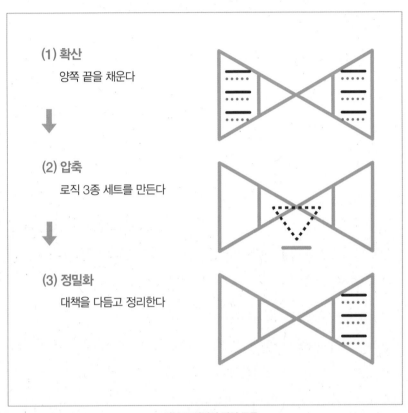

(1) 확산
양쪽 끝을 채운다

(2) 압축
로직 3종 세트를 만든다

(3) 정밀화
대책을 다듬고 정리한다

▲ 리본 프레임의 작업 흐름

Check it!

☑ 우선 양쪽 끝을 채우고, 다음으로 로직 3종 세트를 만든 후, 마지막으로 대책을 다듬고 정리한다.

RIBBON
FRAME

제4장

알아두면
무조건 써먹는
기획서 작성의
실전 테크닉

기획서의 핵심
사회적 과제와 연관하여 생각한다

POINT   현상 분석은 거시적 관점에서 기재하자

제4장에서는 기획서 작성의 실천 테크닉에 대해 이야기합니다. 우선 **'현상 분석'**을 작성할 때는 **거시적·중장기적인 관점부터 기재**하면 자연스럽고 효과적입니다. 또한 의뢰 사항은 그때의 **사회적 과제와 마주하는 경우가 많습니다.** 바꿔 말하면 '오리엔테이션의 확인'(여건)으로서 클라이언트에게 부여받은 과제의 본질을 찾다 보면, 사회적 과제와 충돌하는 일이 많다는 말입니다. 따라서 현상 분석을 작성할 때는 그때의 사회적 과제와 연관 지어 생각함으로써 커다란 시점에서 해결 전략이나 대책이 보이기도 하며, 그러한 의지를 상대방에게 전할 수 있습니다.

다음 쪽의 그림은 어느 인테리어 회사의 브랜드 강화 기획서 중 현상 분석에 해당하는 부분입니다. 사회의 움직임을 저출산 고령화, 지속 가능한 발전 목표SDGs, 격해지는 재해, 디지털 전환DX 등의 키워드를 섞어 기재한 후, 다음 페이지 이후부터 각각에 대해 심도 깊게 알아보며 과제의 사회적 가치를 넓히는 브랜딩 전략으로 이어나갑니다. 참고 삼아 앞으로 키워드가 될 **사회적 과제 목록도** 열거해두겠습니다(2021년 기준).

어느 인테리어 회사에 제출한 기획서의 현상 분석 예

현상 분석

- 코로나 사태로 세계적으로 기업 환경이 격변하고 있다. 그런 가운데 앞으로의 **사회 환경 변화의 본질을 파악한 코퍼레이션 브랜딩이 필요**하다.
- 크게 4가지가 있다.
- 첫 번째는 저출산 고령화와 함께 코로나 사태가 불러온 **라이프 스타일의 변화**. 사회의 변화와 더불어 특히 주거지에 대한 요구가 크게 변화하고 있다.
- 두 번째는 코로나 사태가 촉매가 되어 **SDGs**가 점점 중시된다는 점. 개별 기업들에 새로운 시대를 향한 기업의 존재 의의에 대한 물음이 던져지고, 이른바 **'사회적 가치'의 중요성**이 높아질 것이 예상된다.
- 세 번째는 지구 온난화에 의한 기후 변화, **재해의 격심화**. 매년 전국 각지에 커다란 재해가 찾아오고 있다는 점은 주지의 사실이다. 인테리어 회사로서 그에 걸맞은 대응이 요구되고 있다.
- 네 번째는 **급격한 DX(디지털 트랜스포메이션)**가 발생하고 있다는 점. 고객이나 주주를 대상으로 보다 편리하고 섬세한 대응(Society 5.0 콘셉트)이 필요해지고 있다.
- 따라서 이들을 바탕으로 한 코퍼레이션 브랜딩의 강화가 요구된다.

현대 사회가 안고 있는 사회적 과제

- 저출산 고령화
- 재해 격심화
- 후계자 부족
- 그린 에너지
- 갑질
- 지방 활성화
- 빈집 문제

- 미세플라스틱
- 연금 문제
- DX화
- 젠더 격차
- 디지털 디바이드
- 국민 의료비
- 포스트 코로나

- 소득 격차
- 식품 로스
- LGBT(성소수자)
- 개인 정보 유출
- 국가 채무
- 소셜 디스턴스
- 인프라 노후화

▲ 현상 분석 예와 사회적 과제

Check it!

- ☑ '현상 분석'을 작성할 때는 거시적 · 중장기적인 관점에서 기재하면 효과적이다.
- ☑ 의뢰 사항은 사회적 과제와 마주하는 경우가 많다. '현상 분석'은 그것을 인식한 채로 시작한다.

기획서의 핵심
장기적인 기획에는 백캐스팅 법을 활용하자

POINT 리본 프레임에서 오리엔테이션의 확인에 활용한다

SDGs를 도입한 회사 업무 분야의 변혁이나 코퍼레이션 브랜딩 등, 주제가 크고 중장기에 걸친 경우에는 '백캐스팅Backcasting 법'을 활용하면 효과적으로 기획 작업을 할 수 있습니다. 백캐스팅 법이란 간단히 말하면 다음 쪽의 그림처럼 우선 목표 이미지Desirable Future를 설정한 후, 그 결과를 도출하려면 어떤 전략이나 대책을 세워야 할지 **역산해서 생각하는 방법**입니다. 이 방법의 장점은 두 가지입니다. 하나는 이상적인 모습 설정에서 시작하므로 **큰 뜻이 있는 야심 찬 목표를 세울 수 있으며,** 현재 있는 자원을 무시하고 생각해도 좋으므로 **기획의 옵션이 넓어진다**는 점입니다. 또 하나는 시간순으로 단계를 정해나가야 하므로, 점진적으로 **착실한 축적의 시나리오를 그릴 수 있다**는 점입니다.

이것을 리본 프레임에 어떻게 도입하면 좋을까요? 우선 의뢰 사항을 해석한 후, **'우리는 이런 목표 이미지를 그렸다'는 페이지를 만드는 것에서 시작합니다. 즉, 오리엔테이션의 내용을 바탕으로 중장기적으로 달성할 목표 이미지를 그리고, 그 목표를 달성하기 위해서 어떤 과제와 전략으로 어떤 과정을 밟아 달성해나갈 것인가에 대한 작업을 진행해나가는 것입니다.**

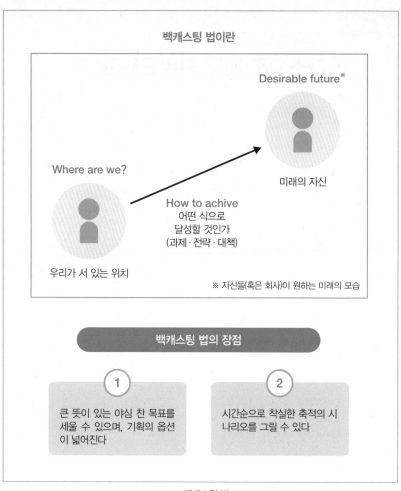

백캐스팅 법이란

Desirable future[※]

미래의 자신

Where are we?

How to achive
어떤 식으로
달성할 것인가
(과제 · 전략 · 대책)

우리가 서 있는 위치

※ 자신들(혹은 회사)이 원하는 미래의 모습

백캐스팅 법의 장점

① 큰 뜻이 있는 야심 찬 목표를 세울 수 있으며, 기획의 옵션이 넓어진다

② 시간순으로 착실한 축적의 시나리오를 그릴 수 있다

▲ 백캐스팅 법

Check it!

☑ 백캐스팅 법이란 이상적인 목표 이미지를 만든 후, 역산하여 전략과 대책을 생각하는 방법이다.

☑ 중장기적인 커다란 주제를 기획하는 데 유효하다.

기획서의 핵심
다소 길더라도 키워드화한다

POINT 카피라이터의 캐치프레이즈처럼 멋있지 않아도 좋다

기획서를 쓸 때는 **키워드처럼 만들어 무엇을 말하고 싶은 것인지를 단적으로 나타내고, 그것을 전면으로 내세워 표시하는 방법이 효과적입니다.** 이것을 흔히 캐치프레이즈라고 하죠. 캐치프레이즈를 사용하면 전하고 싶은 바를 쉽게 전할 수 있습니다. 기획서에는 키워드를 설정한 후, 이를 제대로 활용합시다.

다만 여기서는 전문 카피라이터가 만들 법한 센스 있는 카피를 만들 필요는 없습니다. **글자 수는 다소 길어도 상관없으니, 상대에게 잘 전달되는 카피를 만들면 됩니다.** 기재 순서는, 예를 들어 전략 페이지라면 우선 키워드에서 시작하여 그 아래에 그 키워드에 대해 풀이합니다. 다음 쪽의 그림은 한 OEM 회사가 소비자 시장에 진출하기 위해 신상품 개발을 희망하고 있는 가상의 사례에 대한 기획서입니다. **리본 프레임을 사용하여 과제나 전략 등을 기재하는 과정은 요점을 압축하고 문장을 짧게 정리하는 능력을 키우기 위한 좋은 훈련이 됩니다.**

'쾌적 수면' 브랜드의 설립

총체적으로 질 좋은 수면을 서포트하는, 지금까지는 없던 브랜드

- 조사 결과, '쾌적한 수면을 유지하고 싶다', '수면의 질을 높이고 싶다'라는 소비자 인사이트 발견
- 그것을 홀리스틱하게 해결하는 상품 라인, 서비스를 하나의 브랜드로 설립한다

◇ 쾌적한 수면 시간: AI 전동침대와 AI 전동베개의 개발·도입
◇ 잠들기 좋은 쾌적 공간: 새로운 발상의 베드사이드 받침대로 잠들기 전 시간을 지원
◇ 쾌적 수면 컨시어지: 상시로 잠의 질을 기록하고, 어드바이스하는 앱을 개발

▲ 키워드를 효과적으로 사용한 페이지 작성의 예

Check it!

☑ 제대로 전달되는 기획서를 만드는 비결은 키워드를 전면에 내세워서 무엇을 말하고 싶은지 단적으로 드러내는 것이다.

☑ 글자 수는 다소 길어도 상관없으며, 알기 쉬우면 된다.

4 - 4

기획서의 핵심
숫자는 사람의 흥미를 끈다

POINT 글자 크기를 2단계 정도 키우면 매우 효과적이다

베스트셀러 중에는 제목에서부터 숫자를 강조하는 책이 많습니다. **숫자가 사람의 흥미를 끌기 때문이겠죠.** 기획서에서도 숫자를 제대로 돋보이게 함으로써 강한 인상을 남길 수 있습니다. 기획서에서 **중요한 숫자 부분은 강조**하세요.

강조하는 방법에는 글자 크기를 키우거나, 굵은 글씨로 하거나, 밑줄을 긋거나, 색을 넣는 방법이 있습니다. 그중 가장 효과적인 것은 **글자 크기를 2단계 정도 키우는 것**입니다. 예를 들어 전체적으로 16포인트로 작성했다면, 중요한 부분의 숫자만 20포인트로 하는 것입니다. 또한, **기획서의 도표나 그래프 가운데 특히 주목했으면 하는 부분에 이 방법을 사용하는 것도 효과적입니다.**

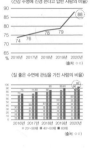

2-2. 시장 환경 분석②   3

진입 시장 분석

헬스케어 의식 향상
- '건강 수명에 신경 쓴다'라고 답한 사람의 비율은 매년 상승
- 특히 2020년에는 코로나 사태로 88%로 대폭 상승

수면 시장에 대한 관심 향상
- '질 좋은 수면'에 관해 매년 관심을 가진 사람이 증가
- 2020년은 40대, 50대가 90%, 60대 이상이 95%로

슬립 테크* 시장 대두
- 수면 제품 회사, 건강 보조 식품 회사, 앱 회사 등 여러 회사가 진출 중, 아직 본격적으로 커지지 않은 블루오션 시장

※질 좋은 수면을 테크놀로지로 향상시키는 비즈니스 모델 시장

▲ 숫자를 돋보이게 만든 페이지의 예

Check it!

☑ 숫자는 사람의 흥미를 끈다. 핵심이 되는 숫자를 강조하자.

☑ 구체적으로는 글자 크기를 키우거나 굵은 글씨로 바꾸거나 밑줄을 긋거나 색을 넣는 방법이 있다.

☑ 도표나 그래프에서도 유효한 방법이다.

기획서의 핵심
소비자의 목소리는 최고의 설득 방법

POINT 자기 회사의 고객에게 관심이 없는 사람은 없다

기획서에 **소비자의 목소리를 넣는 것은 설득력을 뒷받침할 효과적인 재료**입니다. 자기 회사의 현재 고객이나 잠재 고객은 수익과 직결되어 있으며, 그 일거수일투족에 관심이 없는 클라이언트는 없기 때문입니다. 비교적 규모가 큰 프레젠테이션의 경우, 의뢰 사항에 포함되어 있지 않더라도 자체적으로 소비자나 타깃을 대상으로 사전 조사를 하여 그 결과를 전략이나 기획에 활용하는 것이 좋습니다. 생활인 발상의 원점이라고도 말할 수 있는 행위이며, 저는 다양한 나라에서 이 방법으로 큰 효과를 봤습니다.

예산 문제로 어렵다고 생각할 수 있겠죠. 하지만 샘플은 소수를 대상으로 한 간이 조사여도 나름의 의미가 있습니다. **클라이언트 측에 진심으로 이 안건을 대한다는 열의와 진심이 전해지기 때문**입니다. 기획서에는 어떤 식으로 반영하면 좋을까요? 다음 쪽의 위 그림처럼 **소비자의 생생한 목소리를 비주얼로 알기 쉽게 표현하는 방법이 효과적**입니다. 한편, 아래 그림처럼 조사 결과를 상세히 기재하거나, 글자로만 표현하는 것은 그다지 효과가 없습니다. 그런 내용은 부록에 넣어두고, 나중에 확인할 수 있도록 하는 것이 좋습니다.

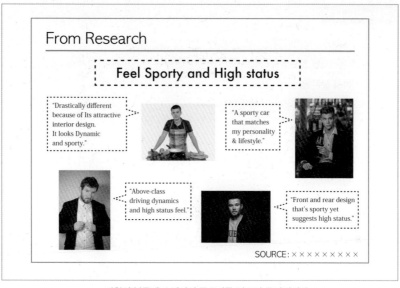

From Research

Feel Sporty and High status

"Drastically different because of Its attractive interior design. It looks Dynamic and sporty."

"A sporty car that matches my personality & lifestyle."

"Above-class driving dynamics and high status feel."

"Front and rear design that's sporty yet suggests high status."

SOURCE : × × × × × × × × ×

▲ 기획서 본문에 소비자의 목소리를 넣으면 효과적이다

조사 분석 결과

1) 새로운 물건을 소유, 체험하는 것에 대한 특별한 느낌
   ① 기존과 크게 다른 새로운 기술을 시험할 수 있다
   • 지금까지는 없던 기술. 신선하고 매력적, 시험해 보고 싶다. 앞으로의 발전 트렌드
   ② 지성적이고 품위가 뛰어나다
   • 지성, 품위가 느껴지고, 정신적인 측면에서 수준이 높아진다
   ③ 기존의 고급 승용차와는 다른, 내세우지 않는 고급스러움을 맛볼 수 있다
   • 한눈에 곧장 호화롭다고 느끼게 하지 않으며, 아는 사람은 자연스레 알 수 있는 내세우지 않은 고급스러움이 있다
2) 지금까지와는 다른, 한발 나아간 자신이 될 수 있다는 특별한 느낌
   ① 희소성이 있으며, 주목받는다
   • 쉽게 보기 어렵다. 주변 사람은 아무도 가지고 있지 않다. 희귀하며 유니크, 고급. 주목을 모으고 뿌듯하다
   ② 세상의 최첨단에 서서 리드하는 오피니언 리더가 될 수 있다
   • 시대의 흐름에서 앞장서서 최첨단에 설 수 있다. 다른 사람의 앞에 서서 자랑할 수 있다. 오피니언 리더가 될 수 있다. 자랑, 우월감.
   • 트렌디, 세련되고 패셔너블. 자신감이 생긴다.
   ③ 자신을 어필할 수 있고, 주변 사람에 대한 영향력이 높아진다
   • 자동차에 관해 자세히 알고 있는 전문가처럼 느껴진다. 다른 사람이 자신의 추천을 받아 사면 자신의 가치를 인정받는다. 자랑스럽다.

▲ 반대로, 글자로만 구성하면 잘 전달되지 않는다

Check it!

- ☑ 기획서에 소비자의 목소리를 반영하면 설득에 효과가 있다.
- ☑ 간단한 자체 조사여도 나름의 의미가 있다. 열의와 진심이 전해지기 때문이다.
- ☑ 기획서 본문에는 비주얼을 사용하여 간단하고 알기 쉽게 표현한다.
- ☑ 조사의 상세한 결과는 부록에 넣는다.

기획서의 핵심
타깃은 필수 요소

POINT　전략에 맞춰서 보다 구체적으로 기재한다

이 책의 서두에 전략은 기획서의 중심이라고 말했습니다. 그러한 전략을 세울 때 **누구를 움직이게 할 것인가**^For Whom라는 관점은 반드시 따라옵니다. 따라서 전략 페이지에서는 타깃에 관해서도 기재해야 합니다. 타깃을 어떤 식으로 설정할지는 전략에 따라 다양하지만, 분류하는 방식 몇 가지를 소개합니다.

① 데모그래픽 관점
설문조사의 응답자 분류와 같은 방법

예를 들면 '도심에 사는 40대 후반의 직장인 여성'처럼 구체적으로는 성별, 나이, 직업, 결혼 여부, 세대 구성, 거주지 등을 명시하는 것입니다.

② 사이코그래픽 관점
취미나 라이프스타일, 가치관 등 심리 면에서 분석하는 방법

예를 들어 '얼리 어답터 층을 노린다' 처럼 가정을 중시하는지 개인 생활을 중시하는지, 환경을 중시하는지 중시하지 않는지 등의 분류법도 있습니다.

③ 브랜드 침투도나 호감도 관점
모른다, 이름만 안다, 이해하고 있다, 체험해봤다(액티브 유저, 비액티브 유저) 등의 브랜드 호감도로 분류하는 방법

예를 들어 '과거 방문한 적이 있는 비액티브 유저를 노린다' 등, 커뮤니케이션 플랜을 세우는 경우에 효과적인 세그먼트법입니다.

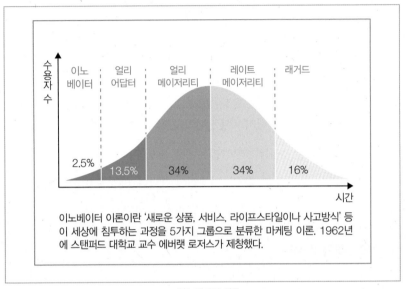

▲ 이노베이터 이론

다음 쪽의 그림은 자동차 타깃층에 관한 기재 예입니다.

Demographics
- 25~35세 기혼
- 딩크족
- 고소득층

Life Values
- 리더 지향성 높음
- 새로운 기술을 좋아함
- 사교적

Buyer Type
- 신규 구입: 75%

Emotional Needs
- 스트레스를 쌓아두지 않는다
- 사회적 사명을 다한다
- 개인 생활을 즐긴다

Brand Connection
- ○○브랜드 매우 좋아함 25% 좋아함 45%

▲ 자동차 타깃층 기재의 예

타깃층에 어떻게 접근할 것인가에 대한 정보로서, 터치 포인트를 기재하는 경우도 있습니다. 요약하자면 기획서의 내용, 전략에 맞춰서 더욱 구체적이고 생생한 기재 방법을 고민해야 한다는 것입니다.

Check it!

- ☑ 기획서에는 누구를 움직이게 할 것인지, 그 타깃을 반드시 기재해야 한다.
- ☑ 기재하는 방법으로는 크게 데모그래픽 시점, 사이코그래픽 시점, 브랜드 침투력 및 호감도 시점의 3가지 분류법이 있다.
- ☑ 터치 포인트를 넣는 경우도 있다.

기획서의 핵심
KPI를 꼭 넣어야 할까?

POINT 반드시 넣지 않아도 된다

KPI란 Key Performance Indicator의 약자로, **수치 목표**를 말합니다. 최근 경영 관련 자료나 마케팅 기획서에 KPI를 넣는 것을 당연시하는 풍조가 있습니다. 그 배경을 보면, 빅데이터를 통해 수치를 가시화할 수 있는 시대가 되었고, 비즈니스의 비용 대비 효과도 상당수 수치화할 수 있는 환경이 만들어졌기 때문입니다. 다만 현실적으로 의뢰에 따라서는 목표를 수치화하기 어려울 때도 있습니다. 한 가지 확실한 것은, 클라이언트는 제안받은 기획을 실행했을 때 **도대체 어떤 효과가 있을지에 관해 분명히 큰 관심을 보인다**는 점입니다. 따라서 그에 응할 준비는 해두는 편이 좋겠죠.

그렇다면 이런 KPI는 기획서의 어느 페이지에 넣으면 좋을까요? 이는 오리엔테이션이 어떻게 구성되었는지에 따라 다릅니다. 예를 들어 판매 목표가 KPI로서 오리엔테이션 문서에 기재되어 있는 경우에는 다음 쪽 위 그림으로 제시한 '개발도상국에 신차 출시' 기획서의 예처럼 기획서에서도 전반부에 그대로 가져와서 기재합니다. 한편, 그 아래에 있는 '동네 서점의 부활' 기획서의 예에서는 KPI라는 명칭을 사용하지 않고, 마지막에 대책의 효과로서 기재했습니다.

KPI를 넣거나 대책의 효과를 수치화해서 기재하기 어려운 경우에는 **무리하게 기획서에 반영하지 않아도 됩니다.** 다만, 기획서 본문에 넣지 않아도 질의응답 시 답변할 수 있게 준비해둡시다.

2. 판매 목표　　　　　　　　　　　　　　　　　　2

월간 ○○ 천 대
시장 점유율 10%

▲ '개발도상국에 신차 출시' 기획서의 예

---

8. 대책의 효과　　　　　　　　　　　　　　　　　8

- **이벤트 효과**
  - 월 2회 개최, 1회 25명 정도, 객단가 30,000원이라고 치면, 매출은 150만 원
  - 이벤트 단독으로는 효과가 한정적

  하지만……

- **카카오톡 채널 등록을 통해 방문 촉진 효과**
  - 이벤트를 계기로 책의 입하 정보, 추천 도서 정보 등을 정기적으로 제공하는 것을 전제로
  - 현재, 최고 전성기 대비 70%의 고객 수라고 가정하면,
  - 현 고객의 회전수를 1.2배, 오랫동안 방문하지 않은 고객의 절반이 돌아온다고 치면, 거의 예전 상태로 회복할 수 있다는 계산이 됨

▲ '동네 서점의 부활' 기획서의 예

Check it!

- ☑ KPI를 넣는 것이 가장 좋기는 하지만, 의뢰에 따라서는 KPI 설정이 어려운 경우도 있으니 임기응변으로 대응하자.
- ☑ 다만, 클라이언트는 기획의 효과에 대해 반드시 궁금해할 것이므로 가능하다면 그 요구에 대응할 준비를 해야 한다.

기획서 표지 만들기
기본 레이아웃

POINT 표지로 전하는 요소는 4가지

기획서의 형태는 인쇄물을 전제로 한 경우, 크게 A4 가로형, A4 세로형, B4 가로형의 3종류가 있습니다. 최근에는 PC를 사용한 원격 프레젠테이션이나 아이패드 등을 이용하는 경우도 많은데 그런 경우에는 4:3이나 16:9로 슬라이드를 만듭니다. 여기서는 A4 가로형을 기준으로 설명합니다. **표지에 들어가는 요소는 다음 4가지**로 충분합니다.

① 타이틀: 제4장 9항의 [기획서 표지 만들기: 타이틀 붙이는 법] 참고

② 기획서 수신자: 왼쪽 위에 수신자명을 기재한 후, 칸을 띄워서 귀중이라고 기재하고, 전체에 밑줄을 긋는다.

③ 날짜: 중앙 하단부에 20××년 ×월 ×일이라고 연월일을 기재한다.

④ 제안자: 날짜 밑에 기재한다.

A4 세로형이나 A3 가로형도 구성 요소는 마찬가지이며, 이 경우 위의 4가지 요소를 다음 쪽의 아래 그림처럼 가장 위쪽에 기재합니다. 왼쪽 위에 수신자명, 한가운데에 타이틀, 오른쪽 위에 날짜와 제안자를 넣으세요. 참고로, A4 세로형과 A3 가로형의 경우에는 표지 아래의 오리엔테이션 확인(여건), 현상 분석, 과제, 전략, 대책 등의 요소도 한눈에 볼 수 있는 형태가 됩니다.

Check it!

☑ 인쇄물을 전제로 한 프레젠테이션의 경우, 사이즈는 A4 가로형이 표준이다.

☑ 표지에는 타이틀, 수신자, 날짜, 제안자의 4가지 요소가 들어간다.

A4 가로형의 경우

○○○○ 귀중

신상품 × 출시 전략 제안

20××년 ×월 ×일
주식회사 ○○○○

A4 세로형의 경우

○○○○ 귀중   20××년 ×월 ×일
                    주식회사 ○○○○

신상품 × 출시 전략 제안

- ■ 여건 _____
- ■ 현상 분석 _____
  _____
  _____
- ■ 과제 _____
- ■ 전략 _____
- ■ 대책 _____
  _____
  _____

▲ 기본 레이아웃: A4 가로형과 세로형

A3 가로형의 경우

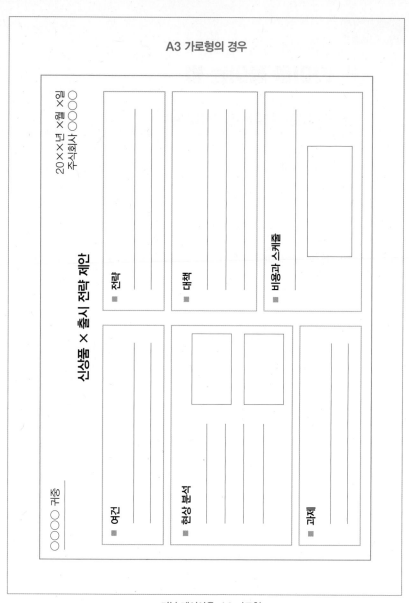

▲ 기본 레이아웃: A3 가로형

기획서 표지 만들기
타이틀 붙이는 법

POINT 타이틀에는 잔재주를 부리지 말자

표지 타이틀을 붙일 때는 제안하고자 하는 주제를 성실하게 표현하면 충분합니다. 가끔 잔재주를 부려서 '마법처럼 매출을 높인다'라거나 '지금까지는 없었던 접근 방식' 등 **상대방의 마음을 끌기 위한 타이틀을 붙이기도 하지만, 오히려 처음부터 과도한 기대를 불러오게 되어 역효과가 나는 일이 많습니다.**

그보다는 프레젠테이션이 끝나고 기획서가 클라이언트의 회사 내에서 공유될 때, 누가 봐도 한눈에 알 수 있고 원활하게 이해할 수 있는 타이틀을 붙여야 합니다. 타이틀은 짧을수록 더 잘 전달되지만, 긴 문장이 필요한 경우도 있습니다. 그때는 타이틀 아래에 부제를 달아 '○○○○' 식으로 처리하면 됩니다. 다음 쪽의 그림은 제8장에서 소개할 'K시의 지방 활성화 프로젝트'를 위한 기획서 표지 사례입니다. 295쪽 참조

K시 귀중

K시의 지방 활성화 전략에 관한 제안

실효성을 동반한 대책 설립을 위해

202X년 X월 X일
주식회사 ○○상사

Check it!

☑ 타이틀은 성실한 표현 방법으로 적는다.

4-10

기획서의 포맷

폰트와 글자 크기

기획서에 사용하는 폰트로는 비교적 가독성이 좋은 고딕 계열을 추천합니다. 다양하고 새로운 폰트를 사용하는 것도 좋지만, 여러 가지 폰트를 한꺼번에 산만하게 사용하거나 가독성이 떨어지는 폰트를 사용하면 역효과를 낼 수 있으므로 적당히 조절하도록 합니다. 또한 한글은 알파벳과 비교할 때 가로가 길다는 특징이 있습니다. **영어와 조합할 때는 가로폭이나 글자 크기를 조정하여 한눈에 잘 읽히게 만드는 것이 좋습니다.**

■ 소제목은 20~24포인트, 본문 11~14포인트

A4 가로형 기획서의 경우, 대략 **소제목은 20~24포인트**, 가장 눈에 띄게 하고 싶은 **캐치프레이즈나 콘셉트 문구는 20~28포인트, 본문은 11~14포인트**로 구성합니다. 이렇게 구성하면 전체가 한눈에 들어오며 강조하고 싶은 부분을 표현할 수 있습니다.

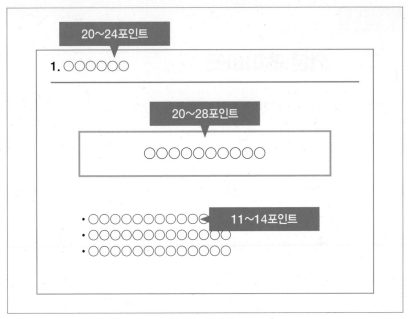

▲ 폰트의 기본적인 크기

- ☑ 한글은 알파벳에 비해 가로 폭이 길다. 영어와 조합할 때는 가로 폭(장평)이나 글자 크기를 조정하여 한눈에 잘 읽히게 하자.
- ☑ 소제목은 20~24포인트, 본문은 11~14포인트를 추천한다.

4-11

페이지 구성
기본 레이아웃

기획서의 각 페이지를 꾸밀 때는 통일된 포맷으로 알아보기 쉽게 만들어야 합니다. 여기서는 가장 심플하면서도 전 세계에서 통하는 방법 3가지를 설명합니다. 우선 **왼쪽 위에 소제목을 기재하고 이를 확실히 식별할 수 있도록 밑줄을 긋습니다.** 다음 쪽 그림의 예 ① 참조 다음으로 내용에서는 **각 페이지에서 말하고 싶은 것, 전하고 싶은 것에 초점을 맞춰서 그것을 확실히 보여주는 구성이 효과적**입니다.

예 ②에서는 말하고 싶은 것을 위쪽에 배치한 후 테두리를 둘렀고, 그 아래에 해설을 각 항목별로 나누어 보는 사람의 눈에 잘 들어오는 구조로 구성했습니다. 이와 반대로, 예 ③은 처음에 해설을 각 항목별로 늘어놓은 후 화살표로 연결하여 마지막에 '그러므로~'라는 형태로 결론을 적는 패턴입니다. 어느 것이든 심플하며 알기 쉽게 상대에게 전해지는 형식입니다. 외국어로 작성하는 경우에도 이 기본 레이아웃은 그대로 사용할 수 있습니다.

Check it!

- ☑ 왼쪽 위의 소제목은 본문과 구별되도록 밑줄을 긋는다.
- ☑ 해당 페이지에서 말하고자 하는 것을 위에 놓고 해설을 아래 놓는 패턴, 반대로 해설을 위에 놓고 결론으로서 말하고자 하는 것을 아래에 놓는 패턴이 있다.

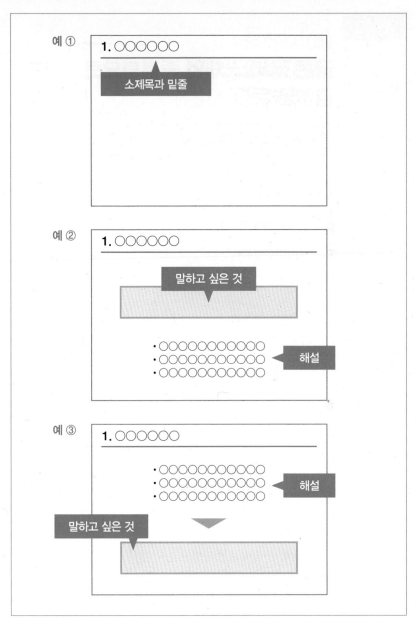

▲ 기본 레이아웃

페이지 구성
굵은 글씨나 체언 종결형으로 강약을 준다

남기고 싶은 메시지를 돋보이게 한다

기획서에서는 전체적인 외관도 중요합니다. 즉, 글자 크기와 글자의 양, 강조 방법 등도 신경 써야 한다는 말이죠. 글자의 양이 많다고 해서 알맹이가 가득 찬 것처럼 보이지는 않습니다. 그보다는 일부러 여백을 남기거나 글자를 꾸며서 한눈에 무슨 내용인지 알 수 있게 만들어야 합니다.

다음 쪽의 사례를 봐주세요. 결론을 위에 배치하고, 표기에도 공을 들였습니다. "일을 '받는 것'에서 '만드는 것'으로"처럼 **체언 종결형을 사용해 표어 풍으로 기재하고, 글자 크기도 한 단계 키운 후에 테두리를 두르고 배경색을 넣어서 눈에 잘 띄게 마무리했다**는 점을 알 수 있습니다.

또한 아래에 있는 해설의 경우, 글자 크기는 결론 부분보다 작게 줄였지만, 이것도 각 항목으로 나눠서 소제목을 붙이고 상세한 설명은 글자 크기를 더욱 줄여서 눈에 잘 들어오게 연출했습니다. 전체적으로 보면, 결론 부분이 순식간에 눈에 들어오므로 이 부분이 남기고 싶은 메시지라는 점을 보는 사람도 한눈에 인식할 수 있습니다. 이처럼 살짝 외관을 꾸밈으로써, 말하고 싶은 것을 단번에 전할 수 있습니다.

4. 앞으로의 전략 구성

일을 '받는 것'에서 '만드는 것'으로

- 전략 시나리오
  1년 차: 우선 '수주' 체제의 강화, 일을 만드는 행위의 기획, 파일럿 실험
  2년 차: 독자 상품(서비스)의 본격 실험, 구현
  3년 차: 독자 가치, 독자 상품을 가진 조직으로(사업화도 시야에 둔다)
- 자신들의 독자 가치를 갈고닦는다
  - 자신들의 강점 × 시대의 니즈를 예측하여
  - 사내외의 지혜를 모아 무엇이 가치가 될 것인지를 판단하고 상품화에 착수
- 조직의 동의를 얻는다
  - 자신들의 가치를 사회에 확대해 나가는 시나리오를 보여줌으로써 동료들의 지지를 얻는다

▲ 남기고 싶은 메시지를 눈에 띄게 한 기획서 페이지의 예

Check it!

☑ 다양한 수단을 사용하여 말하고 싶은 것을 돋보이게 한다.

☑ 글자 크기 키우기, 굵은 글씨, 테두리, 배경색, 체언 종결형 등의 테크닉을 사용한다.

페이지 구성
도표·사진 등
시각적인 요소를 더한다

POINT 특히 그래프는 큰 도움이 된다

시각적인 요소로 보강하는 방법도 효과적입니다. 다음 쪽의 예 ①은 **그래프와 도표를 사용해 이유나 배경을 설명**하여 말하고 싶은 것을 보강하는 방식입니다. **그래프나 도표는 숫자로 근거를 두드러지게 하며, 결론이나 말하고 싶은 것을 강력하게 뒷받침**하는 중요한 역할을 합니다. 그래프와 도표 만들기의 핵심은 제4장 15항 184쪽 참조에서 설명합니다. 또한 그래프와 도표를 넣을 때는 출처를 확실하게 명시해야 합니다.

예 ②는 사진을 이용하여 말하고 싶은 주제나 실시하고 싶은 대책을 연상시키는 방식입니다. 이때 주의해야 할 점은 주제와 어울리지 않는 사진이나 너무 과장된 사진을 사용하면 오히려 오해를 살 수 있다는 점입니다. 지금은 인터넷으로 그래프나 도표, 샘플 사진 등을 비교적 쉽게 구할 수 있지만, 그만큼 소재를 신중히 골라야 합니다. 또한 사진이 예시 이미지인 경우에는 '예시 이미지'라고 명기합시다. 이런 시각적 요소는 어디까지나 본문을 도와주는 역할을 하는 것이므로 본문 아래나 오른쪽에 넣어야 합니다.

Check it!

☑ 도표·사진 등의 시각적 요소는 말하고 싶은 것을 보강해준다.
☑ 본문을 서포트하는 내용이므로 본문 아래나 오른쪽에 배치한다.

예 ① 　**그래프를 하단부에 배치**

출처: ○○○○

예 ② 　**사진을 오른쪽에 배치**

예시 이미지

예시 이미지

▲ 도표 · 사진의 배치

페이지 구성
굳이 여백을 다 채우려고 하지 말자

POINT 말하고 싶은 것을 충분하게 담으면 된다

기획서를 작성하는 과정에서 좀처럼 페이지가 채워지지 않아서 고민한 적은 없나요? 혹은 어느 페이지는 가득 차 있는데 어느 페이지는 텅 비어 있어서 영 볼품없다고 느낀 적은요? 저도 기획 일을 시작한 무렵에는 자주 그렇게 느꼈습니다. 그리고 보기 좋게 만들기 위해 그다지 필요하지 않은 문장을 가져와서 외관을 꾸미려고 한 적도 있었죠.

하지만 그다지 필연성이 없는 문장을 곁들이거나 과도한 수식어로 꾸며 억지로 여백을 채우는 것은 아무런 의미도 없습니다. 예를 들어 다음 쪽에 있는 신상품 개발 기획서의 과제 설정 페이지 예처럼 글자가 별로 채워져 있지 않아도 전혀 상관없습니다. **여백이 넓으면 내용이 없어 보인다는 생각을 버리세요. 그보다 중요한 것은 말하고 싶은 내용이 심플한 문장으로 적혀 있는가입니다. 그런 후에 페이지와 페이지의 연결을 의식합시다.**

이 책은 리본 프레임으로 로직을 만들고 프레젠테이션을 통해 전체적인 이야기의 흐름을 연결해나가는 것을 기준으로 삼고 있습니다. 그것만으로도 기획서는 충분합니다.

5. 과제

즉, 상품 개발의 과제는

**60대 이상에게
수면을 홀리스틱하게 지원하는
브랜드의 구축**

▲ 여백은 채우지 않는다

Check it!

- ☑ 여백을 채우기 위해 억지로 문장을 만들지 말자.
- ☑ 말하고 싶은 내용이 잘 정리되어 있는지, 페이지와 페이지가 잘 연결되어 있는지가 중요하다.

4-15

페이지 구성
그래프는 심플하게 만든다

POINT 그래프의 정보량을 적절하게 가다듬는다

기획서에 그래프를 삽입하여 설득력을 강화하는 것은 중요한 테크닉입니다. **그래프를 삽입하면 읽는 이의 눈에 잘 들어오며, 한눈에 알아보기 쉽기 때문입니다.** 하지만 그래프 자체가 복잡하거나 알아보기 어려우면, 이해를 촉진하기는커녕 역효과가 납니다. 보는 이가 쉽게 이해하게 만들려면 **말하고 싶은 것이 잘 전해지도록 불필요한 부분은 생략한 심플한 그래프를 만들어야 합니다.** 이때 생각할 점은 다음 3가지입니다.

① 그래프로 무엇을 말하고자 하는가
② 그러기 위해 어떤 부분을 사용하고 싶은가(불필요한 부분을 생략한다)
③ 만든 그래프에서 어떤 부분을 강조하고 싶은가(깊은 인상을 주고 싶은 부분을 눈에 띄게 하여 강조한다)

이렇게 하면 한층 더 임팩트 있는 그래프를 만들 수 있습니다. 예를 들어 다음 쪽의 위 그림은 젊은이의 독서량 감소를 증빙하기 위해 사용한 '대학생 1일 독서 시간 분포' 그래프입니다. 그런데 한눈에 보고 독서 시간이 줄어들었는지 알기 어렵지 않나요? 따라서 여러 수치의 꺾은선 중에서 **'독서 시간 0분'만 표시하기로 했습니다.** 나아가 주목하게 만들고 싶은 수치의 글자 크기를 키우고 굵은 글씨로 바꾼 후에 테두리를 달았고, 50% 라인의 보조선을 돋보이게 했습니다. 이렇게 절반을 넘겼다는 메시지를 일목요연하게 전할 수 있습니다.

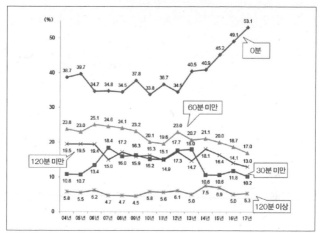

대학생 1일 독서 시간 분포

출처: 전국대학생활협동조합연합회(일본)

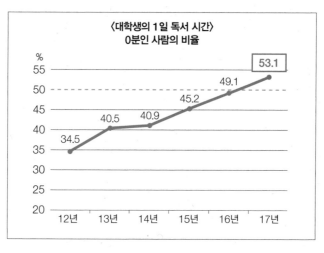

〈대학생의 1일 독서 시간〉
0분인 사람의 비율

▲ 심플한 그래프를 만드는 방식의 예

Check it!

- ☑ <u>불필요한 부분을 생략한 심플한 그래프를 만든다.</u>
- ☑ <u>'무엇을 전하고 싶은가', 그러기 위해서는 '어떤 부분을 남길까'를 정하고, 만든 그래프 안에서 강조한다.</u>

4-16 마무리
친절한 서머리를 만들자

여기서는 기획서의 '서머리(요약)' 작성법 예시를 소개합니다. **기획서의 페이지 수가 많거나 내용이 여러 갈래에 걸쳐 있어 복잡한 경우, 결국 무슨 말을 하고 싶은 것인지 듣는 이에게 확실히 전해지지 않을 수 있습니다.** 기획서 작성자는 당사자이므로 이 기획서에서 말하고 싶은 것이나 로직이 확실히 머리에 남아 있지만, 처음으로 기획서를 보거나 프레젠테이션을 들은 사람은 그 문맥을 바로 이해하기 어렵습니다. 그럴 때는 귀찮아하지 말고 서머리를 만들어둡시다. 상대방은 서머리를 보고 쉽게 이해할 수 있을 뿐 아니라, **기획자의 정성과 친절함도 전해집니다.** 서머리 작성에 관해서는 다음의 2가지 작성법 예시를 기억해두면 됩니다.

(1) 서머리 차트

각 장을 블록으로 나누어 각 블록에서 말하고 싶은 내용을 간결하게 표기하고, 그 관계성을 플로차트로 만들어 보여주는 방법입니다. 블록별로 각 장의 타이틀을 기재하고, 그 내용을 최소한으로 압축해서 기재합니다. 그리고 각 블록이 어떤 위치를 차지하고 있는지 한눈에 알아볼 수 있도록 배치합니다. **기획서의 마지막에 덧붙여두면, 리마인드 효과가 있습니다.** 다음 쪽 그림은 'K시의 지방 활성화 프로젝트' 기획서 310쪽 참조의 최종 페이지입니다. 이런 서머리를 만들어두면, 기획서가 클라이언트의 회사 내에서 배포되는 경우에도 목차와 함께 서머리 페이지가 읽는 이에게 지침 역할을 해줍니다.

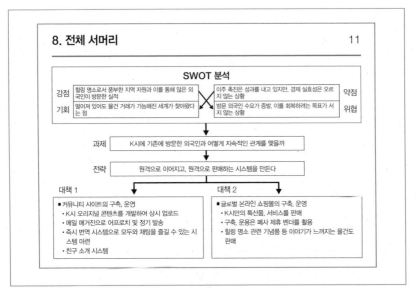

8. 전체 서머리   11

SWOT 분석

강점	힐링 명소로서 풍부한 지역 자원과 이를 통해 많은 외국인이 방문한 실적	이주 촉진은 성과를 내고 있지만, 경제 실효성은 오르지 않는 상황	약점
기회	떨어져 있어도 물건 거래가 가능해진 세계가 찾아왔다는 점	방문 외국인 수요가 증발, 이를 회복하려는 목표가 서지 않는 상황	위협

과제 | K시에 기존에 방문한 외국인과 어떻게 지속적인 관계를 맺을까

전략 | 원격으로 이어지고, 원격으로 판매하는 시스템을 만든다

대책 1
- 커뮤니티 사이트의 구축, 운영
  - K시 오리지널 콘텐츠를 개발하여 상시 업로드
  - 메일 매거진으로 어프로치 및 정기 발송
  - 즉시 번역 시스템으로 모두와 채팅을 즐길 수 있는 시스템 마련
  - 친구 소개 시스템

대책 2
- 글로벌 온라인 쇼핑몰의 구축, 운영
  - K시만의 특산품, 서비스를 판매
  - 구축, 운용은 폐사 제휴 벤더를 활용
  - 힐링 명소 관련 기념품 등 이야기가 느껴지는 물건도 판매

▲ 서머리 차트의 예

(2) 이그제큐티브 서머리

제1장 5항 [사내용 기획서] 45쪽 참조에서도 소개한 것처럼, 이그제큐티브 서머리라는 것도 있습니다.

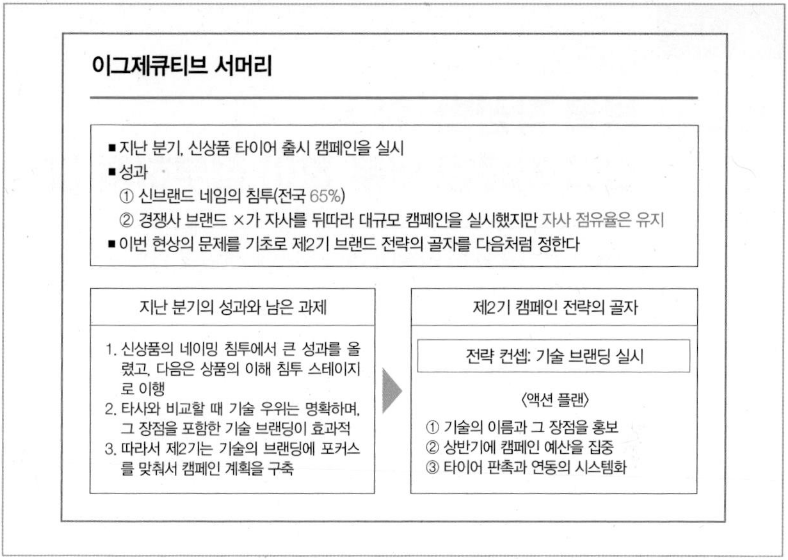

▲ 이그제큐티브 서머리의 예

이 경우는 문자 그대로 경영자가 알아보기 쉽게 만들어야 합니다. 즉, 기획서의 내용을 최대한 간결하게 표시하고, 1~2페이지, 3분 정도로 이해할 수 있게 만듭니다. 예를 들어 위 그림은 한 타이어 회사의 이그제큐티브 서머리 예입니다. **서두에 이번 결재의 의미, 왼쪽 아래에 지난번까지의 리뷰, 오른쪽 아래에 이번의 전략과 액션 플랜의 제시를 하는** 식으로 각 블록의 요지를 간결하게 기재합니다. 이그제큐티브 서머리는 기획서의 서두 또는 마지막에 배치합니다. 어디가 좋을지, 넣을지 말지는 그때그때 임기응변으로 대응합시다.

Check it!

- ☑ 프레젠테이션 시간이 길거나 기획서의 양이 많은 경우, 서머리를 만든다.
- ☑ 이그제큐티브 서머리는 경영진용으로 준비하며 1~2페이지, 3분 정도로 이해할 수 있게 만든다.

마무리

부록 작성법 ①: 참고 자료를 너무 많이 첨부하지 말자

POINT 기획서 본문을 읽은 사람이 어느 부분에 관심을 가질지 상상한다

'**부록**Appendix'이란 기획서 본문에 들어가지 않는 참고 자료를 말합니다. 어느 개발도상국가에서 실제로 있었던 케이스를 하나 들어보죠. 총 250페이지의 기획서였는데, 그중 30페이지가 본문, 220페이지가 부록이었습니다. 그리고 프레젠테이션에서는 본문과 일부 참고 자료만 설명하고 나머지는 남겨두었습니다. 하지만 그렇게 남은 200여 페이지의 부록을 그 후에 클라이언트가 읽을 마음이 들까요? 분명 들지 않겠죠. 이것은 양적인 관점의 지적입니다.

더욱 중요한 문제는 질적인 관점입니다. 예를 들어 큰 프레젠테이션을 대비하여 다양한 부분을 살펴보고 '이렇게 아이디어를 확장했습니다', '이렇게 노력했습니다'라는 점을 드러내고 싶어 안달이 난 듯한 부록이 있습니다. 이것은 더욱더 최악입니다. 왜냐하면 자신들의 자랑, 이른바 자기 어필만 하기 위해 부록을 더했기 때문입니다.

중요한 것은 **본문의 설명을 듣고 관심이 생겨서 더욱 깊게 알고 싶다, 확실한 근거를 확인하고 싶다, 혹은 이후의 내용을 살펴보고 싶다는 클라이언트의 욕구를 상상하여 구성하는 것입니다.** 반대로 말하면 '**프레젠테이션이 끝난 후에 이 부분은 보지 않을 거야'라는 생각이 드는 부분은 삭제해야 합니다.** 그렇게 하면 결과적으로 불필요한 부록을 없앨 수 있습니다.

Check it!

- ✓ 자기 어필만 하기 위해 첨부하는 '부록'은 최악이다.
- ✓ 클라이언트의 욕구를 상상하고, 필요하지 않은 정보는 삭제해야 한다.

마무리
부록 작성법 ②:
신뢰도를 높이는 페이지를 삽입한다

POINT 　 스태프 소개나 실적 소개를 통해 신뢰도를 높인다

사외 프레젠테이션 시, 기획 통과에 중요한 역할을 하는 것은 기획지들의 신용을 알리는 페이지입니다. 신뢰도를 높이는 요소에는 2가지가 있습니다. **하나는 회사의 실적 소개, 또 하나는 스태프의 출신 및 실적 소개**입니다. 특히 해당 클라이언트와 처음으로 거래하는 경우라면 반드시 필요한 요소입니다. 이 2가지는 일반적으로는 기획서의 말미 또는 부록에 삽입합니다. 회사의 실적은 홈페이지에서 가져오고, 스태프 소개는 프로필과 개인 사진을 입수하여 **프로토타입을 만들어두면 편리**합니다.

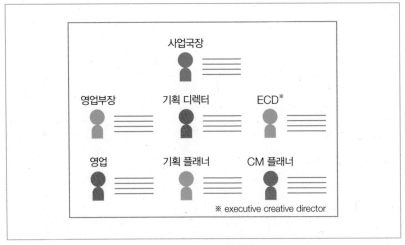

▲ 담당 스태프 소개의 예

마무리
예상 질문과 모범 답안 리스트를 만들자

POINT 질문은 상대의 입장이 되어 생각한다

기획서가 완성됐다면 기획 설명이 끝난 이후의 예상 질문과 모범 답안 리스트를 반드시 준비해야 합니다. 이렇게 준비해두면 제안이 통과할 확률이 크게 높아집니다. 클라이언트도 이 안건에 대한 고민이 많을 테고, 기획서나 프레젠테이션 내용뿐 아니라 그에 수반하여 떠오른 다양한 의문에 대한 명쾌한 답변을 얻고 싶어 하기 때문입니다. 또한 **예상 질문에 원활하게 답함으로써 '많은 고민을 통해 만든 기획'으로 여겨지며, 기획서에 대한 평가가 높아지기도 합니다.**

그렇다면 어떤 예상 질문을 생각하면 좋을까요? **클라이언트의 입장이 되어 생각해보는 것이 그 답입니다.** 참고로, 기획서의 각 파트에 관하여 어떤 입장에서 예상 문답을 생각하면 좋을지 알아봅시다.

① 현상 분석: 클라이언트가 바라보는 시점을 확실히 이해하여 빠짐없이 찾아봤는지가 중요합니다.

② 전략과 과제: 클라이언트가 가장 관심을 가지는 분야이며, 왜 이러한 의사결정에 이르렀는지를 클라이언트의 질문 형태로 적어봅시다. 작성자 입장에서도 가장 크게 고민한 부분이므로, 비교적 공감하기 쉬운 답변을 쓸 수 있을 것입니다.

③ 대책: 비용, 스케줄, 누가 어떻게 실시할 것인지(외부 리소스) 등 타당성 검증이 가장 중요합니다. 물론 프레젠테이션을 통해서도 설명하겠지만, 보다 상세한 답변을 준비해두는 것이 좋습니다.

▲ 예상 문답집을 준비해두면 효과적이다

④ 효과: 실제로 기획안대로 실시했을 때 그 효과는 어떤가 하는 부분입니다. 실은 이것이 클라이언트가 가장 알고 싶어 하는 부분이기도 합니다. 여기서는 명쾌하게 말할 수 있는 경우인지, 그렇게까지 구체적인 수치가 필요하지 않는 경우인지에 따라 답변의 뉘앙스가 달라집니다. 즉, KPI 설정이 쉽지 않은 경우에는 적어도 추측 범위에서라도 답을 할 수 있도록 준비해두면 좋습니다.

Check it!

☑ 예상 질문은 상대의 입장에 서서 생각해야 한다. 기획서 제작에 관여했다면 의외로 쉽게 만들 수 있다.

☑ 질문에 막힘없이 대답한다면 '제대로 고민해서 만들었다'라는 평가를 얻을 수 있다.

기획서의 종류

A4 세로형: 빠른 시간 내에 만들어 프레젠테이션할 수 있다

POINT 다만 열의가 전해지기는 어렵다

지금까지 A4 가로형의 기획서를 전제로 실천 테크닉을 설명했지만, 그 밖에 A4 세로형의 기획서, A3 가로형의 기획서도 있습니다. 이 두 기획서의 핵심을 간결하게 설명하겠습니다. 우선 **A4 세로형 기획서**는 어떨 때 사용할까요? 예를 들어 사내용 보고에 많이 사용합니다. 기본 포맷은 제4장 8항 [기획서 표지 만들기: 기본 레이아웃] 169쪽 참조에 적은 것처럼 수신인, 날짜, 제안인을 기재한 후에 타이틀을 쓰고, 그 후에 소제목으로 여건, 현상 분석, 과제, 전략, 대책을 기재합니다. 다음 쪽의 그림 참조 폰트 크기는 타이틀이 14포인트, 소제목이 12포인트, 본문이 10~11포인트 정도면 적절합니다.

A4 세로형의 경우, 빠른 시간 내에 만들 수 있고 간결하게 프레젠테이션할 수 있다는 장점이 있지만, 그 대신 보고서 스타일이므로 어떻게 하더라도 기획이 평범해 보이고, 열의가 느껴지지 않는다는 단점이 있습니다.

Check it!

- [x] A4 세로형은 사내에서 간결하게 프레젠테이션하는 경우에 사용한다.
- [x] 단시간에 만들고 단시간에 프레젠테이션하기 좋다는 장점이 있지만, 그 대신 평이해 보이고 열의가 느껴지지 않는다는 단점이 있다.

○○○○ 귀중

20××년 ×월 ×일
주식회사 ○○○○

E사 신상품 제안

■ **여건**
- E사 메인 상품의 뒤를 잇는 대형 신상품 출시 전략

■ **현상 분석**
- E사 상품은 보급 가격대에서 높은 점유율
- 다만 해당 분야는 앞으로 성장 정체가 예상되며, 가격 경쟁도 심하다(자료 참조)
- 한편, 고가격대 분야는 성장이 예상되며 경쟁도 적다

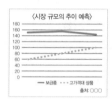

■ **과제**
- 앞으로 신장이 예상되는 고가격대 시장에 진출

■ **전략**
- 기존 상품을 활용한 프리미엄 브랜드 '○○○'의 개발

> **브랜드 콘셉트**

■ **대책**
- 상품 수는 5타입을 한 번에 투입
- 가격대는 □□□□□원~◇◇◇◇◇원
- 새로운 카테고리로 유통하는 것을 제안

▲ A4 세로형 기획서의 예

기획서의 종류

A3 가로형: 기획서를 전체적으로 드러내기 좋다

POINT 파트가 세밀하므로 신경 쓸 부분이 많다

A3 가로형 기획서는 자동차 회사 등 품고 있는 밸류 체인(가치 사슬)이 많고, 고려할 요소가 많은 업종에서 자주 사용되는 기획서입니다. A3 가로형 기획서는 사이즈가 큰 만큼 전부를 총괄해서 볼 수 있다는 장점이 있습니다. 또한 과제나 전략의 로직 부분도 확실히 설명할 수 있으며, 도표나 차트를 넣기 쉽다는 특징이 있습니다.

하지만 커다란 캔버스에 개별 파트를 어떻게 레이아웃하는지, 그 배치에 따라 외관의 모습이 크게 좌우되기도 합니다. 또한, 본문은 지극히 작게 표시되므로 **항목이나 소제목을 명시하고, 전하고 싶은 부분을 키워드화하며, 문자 크기를 키우거나 굵은 글씨, 테두리 등으로 꾸며서 강약에 신경 씁니다.** 그래프나 도표는 전하고 싶은 부분에 초점을 맞춰 숫자를 크게 표시하거나, 테두리를 둘러 전체를 돋보이게 하는 등의 방법을 씁니다.

Check it!

- ☑ A3 가로형은 기획서 전체를 총괄해서 볼 수 있다는 장점이 있다.
- ☑ 하지만 개별 파트는 매우 작은 공간이므로, 소제목 명시, 키워드 강조 등을 하고, 도표나 그래프를 이용해 최대한 보기 쉽게 만들어야 한다.

제○○기 코퍼레이션 브랜딩 계획에 관하여

1. 제○○기 리뷰

- 타사보다 빠르게 적극적인 캠페인 활동을 전개한 결과, 아래와 같은 결과를 얻었음
  인지도: 85%, 이해도: 30%, 호감도: 40%
- 한편, 타깃이 전방위였기 때문에, 메인 타깃인 젊은이의 공감 스코어가 다른 층에 비해 상대적으로 낮았음

2. 어필 포인트 타깃과 과제

- 당사 메인 상품 ×의 타깃은 18~34세의 젊은 층이며, 그에 대한 어필 포인트를 명확히 한다
- 그들의 인사이트를 파악하여 어떻게 공감대가 높은 메시지를 구축할지가 과제

3. 목표(KPI)

- 경쟁사의 상품을 판단, 한층 레벨업한 침투를 목표로 한다
  인지도: 90%, 이해도: 35%, 호감도: 45%

4. 전략과 대책 방향성

[전략] **전방위에서 젊은 층 중심으로**

- 우선 젊은 층에 대한 인지도와 이미지 향상을 도모하고, 타 층으로 확대해나간다
- 그들이 공감을 사로잡기 위해 영향력 있는 인플루언서를 활용한다

전체 타깃

전기

후기

젊은 층

[대책 방향성]

- 젊은 층에서 절대적인 인기를 자랑하는 유튜버 A와 B를 기용하여 그들의 플랫폼을 활용하여 중층적 캠페인을 전개
- 인터넷에서 화제를 일으킴으로써 사회의 무브먼트를 반영한 PR 전략을 시도한다
- 대형 방송국과 제휴, 해당 방송국의 간판 프로그램 '○○'과 이 상호 연계를 도모한다

기획서를 쓰다가 막힐 때
기획서 작업은 회사 밖에서

다른 업무가 끼어들지 않는 환경이 좋다

저는 직장 생활 후반기부터는 사실 회사 안에서 기획서를 작성한 적이 거의 없습니다. 그럼 기획서를 쓰기 위해 제가 주로 가는 곳은 어디일까요? 카페, 호텔 라운지, 쇼핑몰의 휴게실, 도서관, 자동차 안, 비행기 안, 공항 라운지 등입니다. 해외 체류가 길었고, 이동이 많았다는 개인적인 사정도 있습니다. 왜 회사에서 벗어나는가 하면, 바로 **다른 업무가 끼어들지 않기** 때문입니다. 작업에 집중하고 있을 때, 사무 처리 등 지금 해야 하는 다른 업무가 발생한다면 모티베이션을 유지할 수 없습니다. 즉, **기획 작업이란 뇌가 집중해서 생각하는 작업이므로, 다른 것에 방해받지 않는 환경이 바람직합니다.**

■ 어느 정도 공공적인 장소가 적당하다

회사 밖이라고 해도, **자택과 같은 일종의 독립된 폐쇄 공간에서 작업하는 것은 별로 추천하지 않습니다.** 인간이라는 동물은 겉으로 보이는 모습을 중시합니다. '나는 머리를 써서 멋진 일을 하고 있어', '그것을 누군가가 보고 있어'라는 일종의 환상을 품으면서 작업을 진행할 때 모티베이션이 가장 잘 유지될 수 있습니다. 앞서 열거한 카페부터 공항 라운지까지의 공통된 특징은 세미 퍼블릭한 공간이라는 점입니다. 이런 곳에서는 **사회와의 연결을 이따금 의식하면서, 작업에 집중할**

수 있습니다. 기획서 작성은 그런 공간에서 해보기 바랍니다. 의외로 스트레스 없이 작업이 진행될 것입니다.

▲ 기획서 작업 환경

Check it!

☑ 기획 작업은 불필요한 업무가 끼어들지 않는 회사 밖에서 하는 것이 좋다.
☑ 자택 외의 세미 퍼블릭한 공간에서는 모티베이션을 유지할 수 있다.

기획서를 쓰다가 막힐 때
프레젠테이션 원고를 먼저 쓴다

POINT 기획서를 쓸 때 갑자기 진도가 막히는 사람에게 추천하는 방법

리본 프레임을 이용한 기획서 작성의 전개 순서를 간단히 말하면 다음과 같습니다.

① 우선 리본 프레임을 채운다(제3장)

② 다음으로 파트별로 기획서에 반영한다(제5장)

③ 마지막으로 프레젠테이션 원고를 써서 연습한다(제7장)

즉, ①이 있기 때문에 ②의 기획서 작성 작업이 매우 쉬워진다는 것이 특징입니다. 이런 부분에 대해서는 제5장에서 설명합니다. 다만, 그런데도 **막상 기획서를 쓰기 시작하려고 하면 갑자기 진도가 안 나가고 막히는 일**이 저한테도 종종 있습니다. 그럴 때, 제가 하는 방법은 일단 소제목만 넣은 슬라이드를 만들고, 리본 프레임을 보면서 ③의 '프레젠테이션 원고' 작성을 먼저 해보는 것입니다.

즉, 지금까지의 작업을 통해 대략 무슨 말을 하고 싶은지는 이미 알고 있으므로 **프레젠테이션을 하는 상황으로 자신을 몰아넣고, 입으로 중얼거리면서 프레젠테이션 원고를 우선 써보는 겁니다.** 그러면 오히려 어떻게 쓰면 좋을지 고민 없이 완성되기도 합니다. 파워포인트의 메모란을 꺼내서 실제로 작성해보면, 입말이기에 술술 적을 수 있습니다. 그 기세로 원고를 대강 써봅시다. 그러면 막혔던 기획서 작업도 술술 나아갈 것입니다.

▲ 프레젠테이션 장면을 상상하며 프레젠테이션 원고를 먼저 써본다

☑ 기획서를 쓰기 시작하려는 순간, 갑자기 막힐 때가 있다.

☑ 그럴 때, 소제목과 리본 프레임을 보면서 '프레젠테이션 원고'를 먼저 써본다.

☑ 프레젠테이션하는 상황에 자신을 몰아넣으면 의외로 술술 쓸 수 있다.

기획서를 쓰다가 막힐 때
프레젠테이션 원고를
기획서에 붙여넣기

POINT 나머지는 솎아내고 편집하면 된다

프레젠테이션 원고를 쓴 후에는 그 원고를 기획서 본문에 붙여넣습니다. 프레젠테이션 원고는 입말로 되어 있으므로, 불필요한 수식어를 지우고 체언 종결형 등의 기획서 문체로 바꿔 문자 수를 줄입니다. 그리고 강조할 키워드와 내용의 순서 등을 정해서 편집합니다. 그 과정에서 어떤 데이터나 그래프를 넣으면 좋을지, 그 경우 레이아웃을 어떻게 고칠지도 생각합시다. 또한 이 작업을 할 때 리본 프레임 자체도 다시 한번 살펴보세요. '기획서에 꼭 이 말을 넣고 싶어. 그러면 프레젠테이션 원고도 조금 고쳐야지'라는 깨달음도 생겨날 수 있기 때문입니다.

사실은 이 작업은 매우 간단합니다. 왜냐하면 **각각의 페이지에서 말하고 싶은 것이 프레젠테이션 원고에 이미 전부 적혀 있으므로 그것을 솎아내거나 기획서 문체로 편집하면 그만이기 때문**입니다. 결과적으로, 이 작업을 통해 자신이 말하고 싶은 것이 전부 나열된 기획서가 곧바로 완성됩니다.

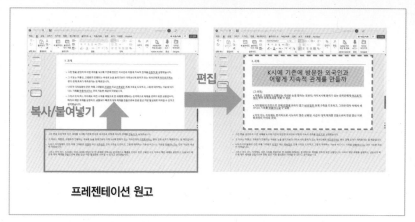

▲ 프레젠테이션 원고를 기획서 본문에 복사/붙여넣기한 후 편집한다

Check it!

- ☑ '프레젠테이션 원고'를 기획서 본문에 복사/붙여넣기한 후 기획서 문체로 바꾼다.
- ☑ 그러면 기획서에서 말하고 싶은 것은 대부분 나열되어 있으므로, 나머지는 솎아내고 편집만 하면 충분하다.

✎ Memo

RIBBON
FRAME

제5장

기획서 작성
실전 연습

동네 서점의 부활을 위한
기획서 만들기

기획서 작성
완성한 리본 프레임을 복사/붙여넣기

여기서는 제3장 11항 [리본 프레임 STEP 4: 대책] 147쪽의 그림 참조에서 리본 프레임에 담은 것을 어떻게 기획서로 만드는지를 설명합니다. 시작은 단순합니다. 우선 현상 분석, 과제, 전략과 이유, 대책 순으로 **소제목을 붙이고 내용은 공백인 플롯을 만듭니다.** 그리고 리본 프레임의 각 칸에 기재한 것을 소제목에 따라 **기획서에 한 장 한 장 복사/붙여넣기합니다.**

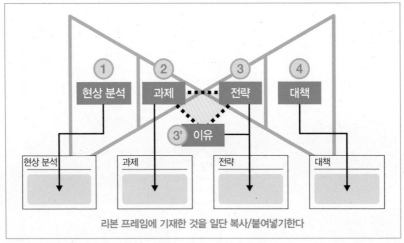

▲ 기획서 작성의 시작 단계에서 할 것

☑ 소제목을 붙인 플롯을 만들고, 리본 프레임의 문장을 반영한다.

5 - 2

기획서 작성
표지 만들기: 필요한 것만 넣는다

POINT   괜한 끼를 부리지 말고 기본 레이아웃을 지키자

다음으로 기획서의 표지를 만듭니다. 제4장 8항 [기획서 표지 만들기: 기본 레이아웃] 169쪽 참조에서 설명한 것처럼, 괜한 끼를 부리지 말고 기본 레이아웃을 준수하여 타이틀, 수신인, 날짜, 제안인을 적습니다.

○○서점 귀중

**○○서점의
부활을 위한 대책 제안**

202×년 ×월 ×일
주식회사 △△기획

▲ 표지 작성

Check it!

☑ 표지에는 필요 사항을 기재한다.

기획서 작성
오리엔테이션의 확인: 그대로 붙여넣는다

POINT 오리엔테이션 문장이 간결하다면 그대로 붙여넣어도 좋다

현상 분석 앞에 클라이언트의 의뢰 내용을 재확인하는 '오리엔테이션의 확인'(여건) 페이지를 1장 더합니다. 페이지의 소제목은 그대로 '1. 오리엔테이션의 확인'이라고 합니다. 이 경우, 오리엔테이션 문장을 그대로 복사해서 붙여넣기해도 상관없습니다. **오리엔테이션 문서 자체가 적당히 간결하고 명료해서 알기 쉬운 출발점이 되기 때문**입니다.

---

1. 오리엔테이션의 확인   1

요즘 매출이 계속해서 감소하고 있는
우리 서점을 다시 키우고 싶다
어떤 방안을 세우면 좋을까?

▲ 간결하고 명료한 내용

Check it!

☑ 오리엔테이션 문장이 적당히 간결하다면 그대로 복사/붙여넣기해도 좋다.

5 - 4

기획서 작성
현상 분석: 문제점을 먼저 쓴다

POINT　이야기의 흐름에 리듬을 부여한다

다음으로 **현상 분석**입니다. 리본 프레임에서는 4가지를 언급했죠. 그 4가지를 적어 넣습니다. 이때 구체적으로는 **문제점과 기회**로 나누어 기재합니다. 리본 프레임에도 이미 그 순서대로 기재했죠? 제1장 4항 [잘 쓴 기획서의 특징 ③: 마음을 움직이는 스토리가 있다] 42쪽 참조에서도 이야기했지만, 이 순서로 기재한 후 그것을 어떻게 발표하면 좋을까요? 예를 들어 프레젠터가 말할 때, "우선 이런저런 커다란 문제점이 있습니다. 하지만 반대로 이런저런 기회도 있습니다. 이것을 토대로 결과를 압축해보았습니다"라고 **'문제점'**을 먼저 언급한 후에 '기회'를 말하면 이야기의 흐름에 리듬감이 생깁니다.

다만 이 문장을 그대로 읽으면 그다지 설득력이 없겠죠? 따라서 이를 **보충하는 문장을 더하여 보강**해나갑니다. 그렇다면 어떤 보충 문장을 쓰면 좋을까요? **그 비결은 '프레젠테이션하는 장면을 상상하면서 쓰는'** 것입니다. 서두에 프레젠터가 "우선 다양하게 조사해본 결과, 커다란 문제점 2개를 발견했습니다"라고 말했다고 가정하겠습니다. 그리고 다음과 같이 말을 잇습니다.

"서점의 매출이 감소하는 커다란 이유 중 하나는 책을 읽지 않는 사람이 늘어났기 때문입니다. 작년 가을에 행해진 대학생 협의회의 조사 결과를 보면, 대학생의 절반은 책을 읽지 않는다는 데이터가 있습니다. 그리고 또 다른 이유는 인터넷으로 책을 사는 사람이 늘어났기 때문입니다. 온라인 서점에서 책을 사는 것이 습관이 되었고, 이것이 동네 서점에 큰 영향을 끼치고 있습니다."

프레젠테이션에서 어떻게 설명하면 좋을지 떠올리며 적다 보면 '좋아, 책을 읽지 않는다는 데이터를 사용해 보강하자'라는 생각이 들 테죠. 따라서 이것을 문장이나 데이터로 보충해나가는 것입니다. 기회 부분도 마찬가지입니다. 프레젠터가 말하는 방식을 재현하면, 다음과 같습니다.

"한편, 기회도 정리해봤습니다. 하나는 매장을 활기차게 만들어 살아남은 서점이 있다는 점입니다. 예를 들어 빌리지 뱅가드라는 서점에서는 손으로 쓴 POP로 가게를 채워서 고객의 흥미를 유지하고 있습니다. 또한 B&B는 매일 밤 작가 초청 이벤트를 개최하여 팬을 불러 모으고 있습니다."

"또 다른 기회는 서점이 없어지는 것을 애석하게 느끼는 사람도 많다는 점입니다. 즉, 그런 고객의 흥미를 불러일으킬 수 있다면, 다시금 이 서점으로 되돌아오게 할 가능성이 있다는 점입니다."

이처럼 버팀목처럼 내용을 보충해줄 만한 것을 찾아내어 기획서에 덧붙입시다. 자, 이것으로 '현상 분석' 항목이 완성되었습니다.

> **Check it!**
> - ☑ 문제점 다음 기회를 제시하는 순으로 기재한다.
> - ☑ 보충하는 문장을 곁들여 보강한다.

2. 현상 분석 2

[문제점]
- 책을 읽지 않는 사람이 늘었다
- 인터넷으로 책을 사는 사람이 늘었다

[기회]
- 매장을 활기차게 만들어 살아남은 서점이 있다
- 서점이 없어지는 것을 애석하게 느끼는 사람도 많다

2. 현상 분석 2

> 프레젠테이션 장면을 상상하면서 문장을 보충

[문제점]
- **책을 읽지 않는 사람이 늘었다**
  - → 대학생 절반이 책을 읽지 않는다(20××년 가을 대학생 협의회 조사에서)
- **인터넷으로 책을 사는 사람이 늘었다**
  - → 온라인 서점에서 책을 사는 것이 습관이 되었고, 이것이 동네 서점에 큰 영향을 끼치고 있다

[기회]
- **매장을 활기차게 만들어 살아남은 서점이 있다**
  - → 빌리지 뱅가드는 손으로 쓴 POP로 가게를 꾸미고, B&B는 매일 밤 이벤트를 개최한다
- **서점이 없어지는 것을 애석하게 느끼는 사람도 많다**
  - → 고객의 공감을 불러일으키면 다시 돌아오게 할 가능성도 있다

▲ 현상 분석의 문장 보충

기획서 작성

과제 ①: '과제에 대한 접근'을 추가한다

POINT 왜 이 과제를 설정했는지 설명하고 설득력을 더하기 위해

다음으로 **과제** 페이지입니다. 과제 자체는 리본 프레임에 이미 명쾌하게 적혀 있습니다. '**온라인 서점으로 넘어간 과거의 고객을 되돌린다**'였죠. 이때, 현상 분석에서 갑자기 과제로 옮겨가 버리면 급작스러운 느낌이 들 수 있기 때문에, 과제 페이지로 넘어가기 전에 '**과제에 대한 접근**'으로서 어째서 이 과제를 설정했는지, 그 배경을 설명하는 페이지를 1장 더했습니다. '과제에 대한 접근' 페이지를 더할 때는 2가지 비결이 있습니다. 첫 번째는 **현상 분석을 통해 과제를 이렇게 압축했다는 내용을 명기**하는 것입니다. 두 번째는 **다음 페이지에 나오는 과제에서 '과거의 고객을 되돌린다'로 자연스럽게 이어지도록 고민하여 문장을 쓰는 것**입니다. 이 페이지를 작성할 때 생각한 점은 다음과 같습니다.

'서점의 부진 요인 중 하나인 책을 읽는 사람의 감소는 일개 서점에서 해결하기 어렵겠지? 그렇다면 또 하나의 요인인 〈고객이 온라인 서점으로 옮겨갔다〉를 어떻게든 해결하는 것으로 과제를 좁히자. 다른 서점처럼 어떤 활동을 통해 이 서점의 존재감을 늘려서 과거 단골을 되돌릴 수 있다면 고객 감소를 해소할 수 있을 테니까.' 이것을 그대로 문장으로 만듭니다.

Check it!

☑ 과제 설정의 설득력을 높이기 위해 '과제에 대한 접근'을 설명하는 페이지를 더한다.

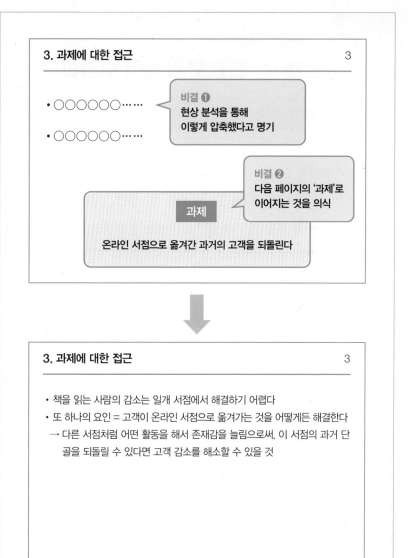

▲ 과제에 대한 접근 작성법

기획서 작성

과제 ②: 도표로 만들어 보강한다

POINT 시장의 조감도를 만들면 알아보기 쉽다

나아가 쉽게 알아볼 수 있는 간단한 도표를 추가했습니다. 구체적으로는 2가지 부진 원인을 나눠서 **시장의 조감도**를 만들었습니다. **원인 ①의 해결은 어렵지만 원인 ②라면 어떻게든 될 것 같다는 그림**입니다. 과제란 '좋은 물음의 설정'이라고 했죠. 따라서 왜 이것이 좋은 물음인지, 그 이유를 확실히 명기함으로써 과제의 설득력을 높이는 것입니다.

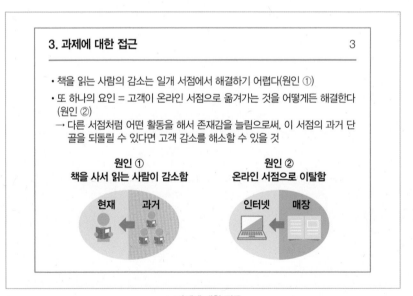

3. 과제에 대한 접근   3

- 책을 읽는 사람의 감소는 일개 서점에서 해결하기 어렵다(원인 ①)
- 또 하나의 요인 = 고객이 온라인 서점으로 옮겨가는 것을 어떻게든 해결한다 (원인 ②)
  → 다른 서점처럼 어떤 활동을 해서 존재감을 늘림으로써, 이 서점의 과거 단골을 되돌릴 수 있다면 고객 감소를 해소할 수 있을 것

원인 ①
책을 사서 읽는 사람이 감소함

원인 ②
온라인 서점으로 이탈함

현재 과거

인터넷 매장

▲ 과제에 대한 접근

Check it!

☑ 도식화하여 알기 쉽게 하는 것도 좋은 방법이다.

기획서 작성
과제 ③: 단도직입적으로 적는다

POINT   문장이 짧은 경우에는 도식화해도 좋다

과제 페이지를 적을 때의 포인트는 '**단도직입적으로 적는 것**'입니다. 과제를 이렇게 압축한 이유는 앞선 페이지에서 충분히 설명했죠. 그러니까 이 페이지에서는 "따라서 과제는 '온라인 서점으로 넘어간 과거의 고객을 되돌린다'로 정했습니다"라고 잘라 말하고, 그림을 더하여 무엇이 과제인지를 보강합니다. 여기서는 그림을 온라인 서점으로 넘어간 고객이 자신의 서점을 돌아보는 그림을 넣었습니다.

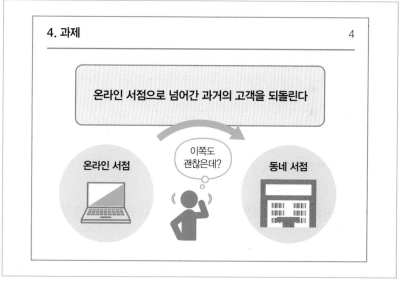

▲ 과제

Check it!

☑   과제는 단도직입적으로 적는 것이 포인트다.

기획서 작성
전략 ①: '전략에 대한 접근'을 추가한다

'이 과제를 해결하기 위해서는'이라는 '연결구'를 넣는다

다음으로 **전략** 페이지를 만드는 방법입니다. 리본 프레임에서 전략은 '고객이 기뻐할 이벤트를 열어 동네 서점의 좋은 점을 실감하게 한다'였고, 그 이유는 '매장의 좋은 점을 어필함으로써 고객이 되돌아보게 할 수 있다'였습니다.

■ 프레젠테이션 장면을 상상하며 적는다

이 페이지에서도 프레젠터로서 자신이 어떻게 설명할 것인지를 상상해봅니다. 앞 페이지에서 과제를 단도직입적으로 잘라 말한 참이므로, 서두에서는 '그렇다면 이 ○○이라는 과제를 해결하기 위해서는'이라는 연결구가 있으면 자연스럽습니다. 여기서는 **과제의 문장을 그대로 가지고 와서 '그렇다면 온라인 서점으로 넘어간 과거의 고객을 되돌리기 위해서는 어떻게 하면 좋을까?'라고 적었습니다. 앞 페이지와 문장이 겹쳐도 상관없습니다.** 오히려 기획서의 흐름이 명확해집니다.

■ 전략의 '이유'에 해당하는 부분을 먼저 기재하면 전략으로 이어진다

그리고 아래 방향의 화살표를 넣어서 아래 공간에 '전략에 대한 접근'을 적음으로써 이 페이지에서 말하고자 하는 것이 명확해집니다. 이것은 로직 3종 세트의 '이유'에 해당하는 부분입니다.

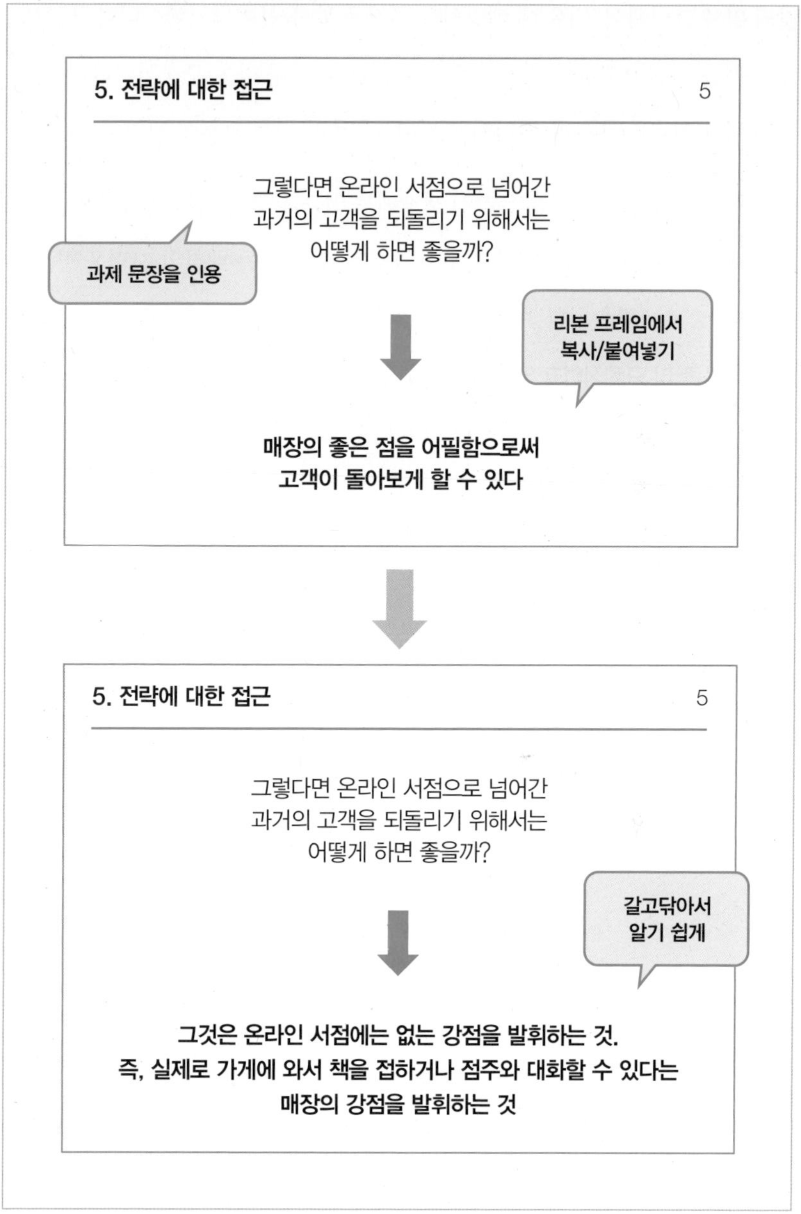

5. 전략에 대한 접근   5

그렇다면 온라인 서점으로 넘어간
과거의 고객을 되돌리기 위해서는
어떻게 하면 좋을까?

과제 문장을 인용

리본 프레임에서
복사/붙여넣기

**매장의 좋은 점을 어필함으로써
고객이 돌아보게 할 수 있다**

5. 전략에 대한 접근   5

그렇다면 온라인 서점으로 넘어간
과거의 고객을 되돌리기 위해서는
어떻게 하면 좋을까?

갈고닦아서
알기 쉽게

**그것은 온라인 서점에는 없는 강점을 발휘하는 것.
즉, 실제로 가게에 와서 책을 접하거나 점주와 대화할 수 있다는
매장의 강점을 발휘하는 것**

▲ 전략에 대한 접근

앞의 위쪽 그림에서 '이유'에 해당하는 문장을 복사/붙여넣기했습니다. '매장의 좋은 점을 어필함으로써 고객이 돌아보게 할 수 있다'라는 문장입니다. 이렇게 하면 서로 의미가 통하며, 하나의 스토리로서 이어지는 흐름이 됩니다.

아래쪽 그림에서는 '그것은 온라인 서점에는 없는 강점을 발휘하는 것. 즉, 실제로 가게에 와서 책을 접하거나 점주와 대화할 수 있다는 매장의 강점을 발휘하는 것'으로 바꿔봤습니다. 이것은 **로직 3종 세트 중 '이유'에 관한 문장이 추상적이었던 것을 좀 더 구체적이고 알기 쉽게 갈고닦아서 기재**한 것입니다. 이렇게 함으로써 이 페이지에서 말하고자 하는 주장이 더욱 명확해집니다.

Check it!

- ☑ 로직 3종 세트의 '이유'에 해당하는 부분을 '전략에 대한 접근'으로 먼저 기재하면 전략으로 이어진다.
- ☑ 서두에 '이 과제를 해결하기 위해서는'이라는 연결구가 있으면 좋다.

기획서 작성
전략 ②: 단도직입적으로 적는다

POINT 그 아래에 전략의 상세 사항을 기재한다

전략 페이지를 적을 때도 과제 페이지와 마찬가지로 **결론을 단도직입적으로 말하는 것이 효과적**입니다. 이 예시의 경우, 리본 프레임의 전략에 관한 문장을 그대로 복사/붙여넣기했습니다. 그리고 **아래 공간에 그 전략을 알기 쉽게 풀어서 설명하는 문장**을 더하면, 전략이 무게감 있어 보입니다.

예를 들어 '온라인에는 없는 매장의 가치란 무엇인가?'라고 앞서 생각한 전략에 대한 접근의 핵심 부분을 의문형으로 적고, 그 아래에 '그것은 ○○입니다'라고, 그에 대한 답변으로서 **전략의 문장을 상술**합니다. 어떻게 상술하는 것이 좋을까요? **포인트는 매장의 가치를 '체험'에 두고, '체험 이벤트 개최'라고 기재**하는 것입니다. 구체적으로는 '그것은 고객이 매장의 책이나 분위기를 직접 접하며 느끼는 마음의 풍족함과 현실감이다. 즉, 체험 이벤트를 열어 매장의 장점을 실감하게 한다'라고 기재했습니다. 이렇게 기재함으로써 '대책' 페이지로 자연스럽게 연결됩니다.

Check it!

- ☑ 전략도 단도직입적으로 적는 것이 효과적이다.
- ☑ 그 아래에 상세 사항을 기재한다.

리본 프레임에서
복사/붙여넣기

**고객이 기뻐할 이벤트를 열어
동네 서점의 좋은 점을 실감하게 한다**

**고객이 기뻐할 이벤트를 열어
동네 서점의 좋은 점을 실감하게 한다**

전략의
상세 사항을
기재

온라인에는 없는 매장만의 가치란 무엇인가?

그것은 고객이 매장의 책이나 분위기를 직접 접하며 느끼는
마음의 풍족함과 현실감이다.
즉, 체험 이벤트를 열어 매장의 장점을 실감하게 한다

▲ 전략

5-10

기획서 작성
대책 ①: 간결하게 적는다

POINT 전략을 어떻게 구현할 것인지 알기 쉽게 보여준다

마지막으로 **대책** 페이지입니다. 이것은 이번에 제안하는 방안의 구체적인 대책이며, 마지막으로 적을 부분입니다. 대책은 물론 중요하지만, 그렇다고 너무 자세히 적으면 그쪽으로 눈이 가버려서 전략의 중요성이 떨어집니다.

우선 테마나 콘셉트를 간결하게 적고, 전략을 구현한 방안임을 알기 쉽게 보여줘야 합니다. 상세한 설명은 별지를 더하거나 다음 페이지로 만드는 편이 기획서 전체의 주장을 명확하게 하는 데 효과적입니다. 이번 예시에서는 제안의 중심이 '작가 강연 사인회'와 '비블리오 배틀'이었기에 그것을 간결하게 기재합니다. 그리고 마지막으로 '카카오톡 채널에 가입하게 한다'라는 대책을 넣음으로써, 고객을 제대로 확보할 수 있다는 기대감을 불러일으킵니다. 또한 페이지를 꾸미는 방법180쪽 참조에서 설명한 것처럼, 사진 등을 넣어 설명을 보강하는 것도 좋습니다. 다만 **현실의 대책과 너무 동떨어진 사진은 과도한 약속이 되어 역효과를 보이므로 주의**합시다.

7. 대책

사진을 삽입하여 연상하기 쉽게

- **작가 강연 사인회**
  - 매장 내 팬 투표로 인기 작가 초청
  - 강연과 저자 사인본 판매를 세트로 구성

서점에서의 사인회 예시 이미지

- **책 설명회(비블리오 배틀)**
  - 점주와 스태프가 추천하는 책을 프레젠테이션 하고, 참가자가 어떤 쪽이 재밌어 보이는지 결정하게 한다

- **카카오톡 채널을 만들어 정기적으로 정보 제공**
  - 이벤트 시 카카오톡 채널에 가입하게 한다
  - 정보 제공을 통해 단골 고객의 지속적인 방문 촉진을 도모한다

비블리오 배틀 예시 이미지

▲ 대책

Check it!

☑ 대책은 전략과 연결된 것처럼 보이도록, 우선 콘셉트와 테마를 간결하게 적는다.

기획서 작성
대책 ②: 대책의 효과를 추가한다

POINT 누구든 비용 대비 효과에 관심이 있다

리본 프레임과 기획서에는 대책의 효과가 들어 있지 않았습니다. 하지만 의뢰인의 니즈를 생각하면 **대책의 효과를 기획서에 넣는 편이 좋을 때가 있습니다.** 지금은 데이터의 시대인 만큼, **무슨 일이건 간에 그 대책을 시행했을 때의 비용 대비 효과를 요구하는 경향이 강해지고 있기 때문**입니다. 이때 참고할 수 있는 방법은 2가지입니다. 하나는 수중에 어느 정도 데이터나 과거의 기준치가 있다면 그것을 사용해 효과를 수치화하는 방법이고, 다른 하나는 정확한 수치화가 어려운 경우 대략적으로 대책을 시뮬레이션하여 효과를 추정하는 방법입니다.

■ 대략적으로 시뮬레이션하는 방법

여기서는 후자의 방법을 살펴볼까 합니다. 벤치마크가 되는 지표를 대략적으로 제시하고 효과를 추정하는 방법입니다. 우선 이벤트 자체의 매출 공헌을 봅시다. 이때 책의 1일 매출과 비교하면 효과는 한정적이라는 점이 드러납니다. 이 동네 서점의 경우, 1일 고객 수는 200명 정도, 1일 매출은 260만 원 정도입니다. 한편, 이벤트는 가령 월 2회 개최하더라도 1회 고객 수는 많아야 25명정도가 될 터이니, 월 매출은 150만 원, 즉 1일 매출에도 이르지 못한다는 말이 됩니다(수익률은 높겠지만요). 따라서 **이벤트 효과와 함께 카카오톡 채널 가입을 통한 고객 확보 효과에도 눈을 돌립니다.**

예를 들어 과거의 전성기와 비교할 때 고객이 30% 정도 감소했다고 칩시다. 그리고 카카오톡 채널의 효과로 현재의 고객이 1.2배의 빈도로 방문하고 잃어버린 30%의 고객 중 절반이 돌아온다고 하면 $0.7 \times 1.2 + 0.3 \times 0.5 = 0.99$가 되어 숫자상으로는 거의 예전 상태로 회복할 수 있는 시나리오가 됩니다. 이것을 대략적으로 설명하는 페이지를 만드는 것입니다.

---

8. 대책의 효과   8

• 이벤트 효과
- 월 2회 개최, 1회 25명 정도, 객단가 30,000원이라고 치면, 매출은 150만 원
- 이벤트 단독으로는 효과가 한정적

하지만……

• 카카오톡 채널 가입을 통한 방문 촉진 효과
- 이벤트를 계기로 책의 입하 정보, 추천 도서 정보 등을 정기적으로 제공하는 것을 전제로
- 현재, 최고 전성기 대비 70%의 고객 수라고 가정하면,
- 현 고객의 회전수를 1.2배, 오랫동안 방문하지 않은 고객의 절반이 돌아온다고 치면, 거의 예전 상태로 회복할 수 있다는 계산이 됨

▲ 대책의 효과

Check it!

☑ 누구나 비용 대비 효과에 관심이 있으므로, 쓸 수 있는 경우에는 '대책의 효과' 페이지도 더하면 효과적이다.

5-12
기획서 작성
마무리: 최종 체크포인트

POINT 이야기의 흐름이 자연스러운가, 로직은 통하는가

기획서의 각 페이지가 완성됐다면 전체를 하나의 흐름으로 바라보는 확인 작업을 합니다. **가장 중요한 체크포인트는 이야기의 흐름이 자연스럽게 전개되는가, 로직이 통하는가입니다.** 그에 더하여 다음과 같은 세세한 부분도 체크합시다. **문장의 의미는 알기 쉬운가, 단어의 선택은 적절한가, 조사는 문제없는가, 그래프나 도표는 문장을 보강하는 보충 설명이 되는가**를 보고, 바꾸는 편이 좋은 부분이 있다면 마이너 체인지를 합니다.

처음에 기획서는 5페이지로 충분하다고 말했지만50쪽 참조, '동네 서점' 사례 기획서의 경우에는 '과제에 대한 접근'과 '전략에 대한 접근'을 보강하고, 또한 '대책의 효과'도 더했기에 8페이지가 되었습니다. **이렇게 항목을 어떻게 나누고 보충할지는 클라이언트의 니즈나 기획서 작성자가 무엇을 어떻게 제안하고 싶은지에 따라 임기응변으로 대처해나갑니다.** 리본 프레임으로 기획을 진행하면 기본적으로 로직은 통하므로, 페이지 수는 여기에서 소개한 방법을 바탕으로 하여 케이스 바이 케이스로 유연하게 대응해보세요. 또한 기획서 작성 단계에서 최초의 리본 프레임의 문장과 달라지는 경우도 많을겁니다. 그럴 때는 **리본 프레임의 문장을 고친 후, 리본 프레임으로서 이치에 맞는지 정합성을 체크해보기** 바랍니다.

1. 이야기의 흐름이 자연스러운가, 로직이 통하는가

2. 문장의 의미, 단어 선택, 조사는 괜찮은가

3. 그림이나 표의 사용법은 적절한가

4. 페이지의 분해 · 통합은 임기응변으로

5. 본문을 수정한 후에는 리본 프레임의 수정도 잊지 말자

▲ 기획서의 최종 체크포인트

Check it!

☑ 체크할 때 가장 중요한 포인트는 이야기의 흐름이 자연스러운가, 로직이 통하는가다.

RIBBON
FRAME

제6장

기획서를
더욱
빛나게 하는
프레젠테이션

프레젠테이션의 핵심
프레젠테이션은 자신을 갈고닦는 자리다

POINT 상대방의 마음을 어떻게 움직일까

저는 반세기 가까이 마케팅 커뮤니케이션 업무를 하면서 국내외에서 다수의 프레젠테이션을 경험해왔습니다. 결과에 일희일비하는 순간도 있었지만, 반면에 그런 경험을 통해 느낀 것은 '**프레젠테이션은 자신을 갈고닦는 무대**'였다는 점입니다. 그렇기에 더더욱 프레젠테이션을 앞두고 최선을 다해 준비했으며, 매번 온 힘을 다해 상대방의 마음을 움직이고자 연구했습니다. 제6장에서는 그 노하우를 정리하여 팁으로 전하려고 합니다.

우선 말하고 싶은 것이 있습니다. 여러분도 프레젠테이션 기회를 얻었다면, 상대방의 마음을 움직이겠다는 기개를 가지고 마주해야 한다는 점입니다. 그럼 지금부터 **상대방의 마음을 움직이는 팁을 소개**해보겠습니다.

Check it!

☑ 프레젠테이션은 자신을 갈고닦는 자리다.
☑ 상대방의 마음을 움직이겠다는 기개를 가지고 임하자.

6 - 2

프레젠테이션의 핵심
상대방에게 용기를 준다는 마음으로

POINT '열의'와 '프로 의식'과 '겸허한 마음'을 가진다

클라이언트는 어떤 문제를 품고 고민하고 있습니다. 그렇기에 무언가 새롭게 기획하여 행동을 취해야 한다고 생각합니다. 그것은 커다란 투자일지도 모릅니다. 혹은 회사가 무너지지 않도록 하기 위해 어떻게든 대처해야 하는 상황일지도 모릅니다. 어느 쪽이든, 직면한 문제에 절박한 마음을 품고 있다는 점은 분명합니다. 그런 상대방을 마주할 때 **중요한 점은 상대의 입장이 되어 생각하는 것, 그리고 프레젠테이션을 통해 상대방에게 용기를 주는 것입니다.** 따라서 프레젠테이션을 하는 사람에게서 긍정적인 모습과 자신감이 엿보인다면, 상대방도 마음이 움직일 것입니다. '괜찮은 아이디어네', '이 방법이라면 제대로 풀릴지도 몰라', '그렇구나. 그런 방법이 있었구나'. 프레젠테이션 후에 상대방이 이런 생각을 하게 된다면 그 프레젠테이션은 성공이라고 말할 수 있겠죠.

상대방의 마음을 움직이기 위해 프레젠터가 염두에 둬야 할 '자세'에는 어떤 것이 있을까요? 3가지를 들어 보겠습니다.

첫 번째는 '열의'입니다. 위에서 언급한 바와 같이 여러분은 고민의 깊이를 이해하고 동조하며, 그런 가운데 최선을 다해 고민했다는 태도를 보여야만 처음으로 상대방의 공감을 얻을 수 있습니다. **두 번째는 '프로 의식'**입니다.

클라이언트가 여러분이나 여러분의 회사에 기획을 부탁하는 이유가 무엇일까요? 바로 자신들에게는 없는 노하우나 경험을 통해 고민을 해결해줄 것이라는 기대가 있기 때문입니다. 사내에서 누군가가 기획을 의뢰하는 경우에도 마찬가지겠죠. 조금이라도 그에 응하는 부분이나 태도를 드러내면, 여러분에 대한 상대방의 신뢰도가 높아집니다. **세 번째는 적당히 '겸허'한 태도입니다.** 제아무리 프로라고 해도, 언제나 위에서 내려다보는 시선으로 응대해서는 공감을 얻을 수 없습니다. 의사도 마찬가지죠. 환자의 입장이 되어 친절하게 상담해주는 진료를 함으로써 환자는 안심하고 진단을 받아들일 수 있습니다.

프레젠터가
염두에 둬야 할 자세

1 열의

2 프로 의식

3 겸허한 마음

▲ 프레젠테이션은 상대방에게 용기를 주는 것

Check it!

☑ 프레젠테이션은 상대방에게 용기를 준다는 태도로 임한다.

☑ 프레젠터에게 필요한 것은 '열의'와 '프로 의식'과 '겸허한 마음' 3가지다.

프레젠테이션의 핵심
전략을 미리 들키지 않는다

POINT 프레젠테이션 도중에는 상대방이 계속해서 두근거리게 한다

기획서의 중심은 **전략**이라고 말했습니다. 상대방이 가장 듣고 싶은 것도 전략과 그에 기반한 **대책**일 것입니다. 그렇다면 **거기에 이르기까지 어떻게 상대방을 질리지 않고 달아오르게 할 것인지가 프레젠테이션의 열쇠 중 하나**가 됩니다. 구체적으로는 현상 분석에서 과제 설정을 향해 점차 풀어나가며 전략에 이르게 되는데, 그 도중에 전략을 쉽게 들켜버리면 프레젠테이션의 효과가 반감됩니다. 따라서 프레젠테이션 도중에는 전략 항목에서 사용하는 키워드를 그 전 단계에서 결코 보여줘서는 안 됩니다.

자주 볼 수 있는 나쁜 케이스를 들어보죠. 프레젠테이션 직전, 서로 인사를 나누는 과정에서 상사가 자신들이 얼마나 깊게 고민해서 좋은 제안을 만들었는지를 말하다가, 그 기세가 지나쳐서 듣는 이에게 이번 기획의 근거가 되는 방안이나 키워드를 흘리는 일이 벌어지곤 합니다. 그렇게 되면, 프레젠테이션 때 다시그 핵심을 뜨겁게 말하더라도 상대방에게 임팩트를 주기 어렵습니다. **상대방의 두근거리는 마음을 유지하기 위한 팁은 중요한 장면까지 답을 보이지 않는 것**입니다.

Check it!

☑ 전략을 이른 시점에 공개해버리면, 상대방은 막상 전략 부분이 와도 반응하지 않는다.

프레젠테이션의 핵심

말을 연결하는 것이 중요하다

POINT '연결어'나 '서두의 말', '끝내는 말'에 따라 설득력이 늘어난다

프레젠터가 유념해야 할 의외로 중요한 요소가 '말을 연결하는 방식'입니다. 리본 프레임으로 만든 기획서의 특징은 기획서 자체가 매우 논리적이고 빈틈없이 만들어져 있다는 점입니다. 하지만 프레젠터의 자세에서 '프로 의식'이 필요하다고 말했죠? 얼마나 프로페셔널한 분위기를 풍기는지가 관건입니다. 그때 의외로 중요한 것이 '연결어'입니다. **기획서의 문장을 어떻게 적절한 언어로 연결하고 강조하는지가 중요**하다는 말입니다. 효과적인 '말의 연결'을 더함으로써 설득력이 놀랄 정도로 달라집니다. 예를 들면, 제5장 [동네 서점의 부활을 위한 기획서 만들기]의 '과제에 대한 접근' 페이지의 프레젠테이션 원고를 아래처럼 강조했습니다. 괄호 부분이 새롭게 더한 보강 문장 및 접속사입니다. 이 중에서 굵은 글씨 부분은 기획서에는 적혀 있지 않습니다. 이것을 프레젠터가 적절하게 더함으로써 이야기가 자연스럽게 흘러갑니다.

"이번 과제에 대해 생각해봤습니다. (매출 부진의) 원인 ①, (즉) 책을 읽는 사람의 감소는 일개 서점에서 해결하기 어렵다(고 여겨집니다.) (그렇기에) 또 하나의 요인, (즉) 고객이 온라인 서점으로 옮겨가는 것을 어떻게든 해결한다(를 과제로 설정했습니다.) (왜냐하면) 다른 서점처럼 무언가의 활동을 해서 존재감을 늘림으로써, 이 서점의 과거 단골을 되돌릴 수 있다면 고객 감소를 해소할 수 있을 것(이라고 여겨지기 때문입니다.)"

프레젠터가 염두에 둬야 할 것:
말의 연결

1. 연결어나 문장별로 서두 · 종결을 보충하는 말
   예) • 그러므로, 왜냐하면, 즉, 따라서
      • 이번의 ○○은 ~이기 때문입니다.

2. 프레젠테이션 서두의 말과 끝내는 말
   예) • 기대에 부응하기 위해 모든 역량을 집중해서 생각해봤습니다.
      • 저희 제안을 통해 귀사가 품고 있는 현안의 과제를 해결할 수 있다고
        확신합니다.

▲ 말의 연결

또한 프레젠테이션의 '서두의 말'과 '끝내는 말'도 중요합니다. 예를 들어 '기대에 부응하기 위해 모든 역량을 집중해서 생각해봤습니다'라거나 '저희 제안을 통해 귀사가 품고 있는 현안의 과제를 해결할 수 있다고 확신합니다' 같은 말입니다. 프레젠터의 태도로서 '열의'와 '겸허'가 중요하다고 말했죠? **프레젠테이션의 서두의 말이나 마지막의 끝내는 말을 신중히 고름으로써 이와 같은 태도가 상대방에게 전해지며 호감을 유지할 수 있게 됩니다.**

Check it!

✓ '그러므로', '왜냐하면' 등의 연결어가 프로페셔널한 분위기를 만든다.
✓ 서두의 말과 끝내는 말도 생각해둔다.

프레젠테이션의 핵심
프레젠테이션은 셀프 브랜딩이다

POINT 결국 프레젠터에 대한 평가가 되어 돌아온다

하면 할수록 능숙해지는 것은 모든 분야에 통하는 말이지만, 특히 프레젠테이션은 그 효과가 두드러집니다. 왜냐하면 프레젠테이션은 당사자를 포함해 많은 사람이 바라보는 자리이기 때문입니다. 이는 곧 타인의 평가가 따라붙는다는 말입니다. 프레젠테이션이 끝나면 프레젠테이션을 받은 측과 동석한 동료 모두 이런저런 의견을 말할 테죠. 그것은 기획서에 대한 평가이자, 프레젠테이션에 대한 평가이자, **결국 프레젠터에 대한 평가가 되어 돌아옵니다.** 이 평가의 목소리가 필연적으로 반성할 대상이 되기도 하고, 자신의 습관이나 특징을 알 수 있는 절호의 기회가 되기도 합니다. 그리고 다음 프레젠테이션에서는 그것을 바탕으로 어떻게 하면 좋을지 고민하게 되고, 결과적으로 점점 프레젠테이션 능력이 늘게 됩니다.

■ 프레젠테이션으로 상대방을 매혹할 수도 있다

프레젠테이션을 거듭해나가다 보면, 의외로 같은 사람을 대상으로 프레젠테이션하는 일이 많이 생깁니다. 그리고 **대개 자신보다 지위가 높은 사람인 경우가 많습니다.** 그러면 이 사람은 평소 이런 생각을 품고 있다거나, 이런 것에 쉽게 반응한다거나 하는 상대방의 특징을 알게 되겠죠. 그에 맞춰서 대응할 수 있게 되면

프레젠테이션의 승률이나 채용 확률은 높아집니다. 상대방의 습관을 알고 마음을 움직이는 전술을 가지게 되었기 때문입니다. 상대방 또한 신뢰하며 이야기를 듣게 됩니다. 이처럼 **프레젠테이션을 거듭함으로써 자신을 알리거나 어필할 기회가 되기도 합니다.**

▲ 프레젠터에 대한 평가로 이어진다

Check it!

- ☑ 프레젠테이션을 하면 타인의 평가가 따라온다.
- ☑ 프레젠테이션이 자신을 알리는 기회가 되는 경우도 많다.

Memo

제7장

모두를
사로잡는
프레젠테이션
노하우

프레젠테이션 능력을 높이는 기술

원고를 썼으면 반드시 연습을 하자

POINT 원고를 쓰고, 연습까지 하는 사람은 사실 많지 않다

여기서는 프레젠테이션 능력을 현격하게 높이는 비법을 소개합니다. 답은 간단합니다. **우선 프레젠테이션 원고를 쓸 것, 그리고 실제로 연습할 것입니다.** 이 말을 들으면 '뭐야, 고작 그거야?'라고 맥이 빠질지도 모르겠네요. 하지만 제가 광고대행사에서 오랜 기간 일하며 경험한 바로는, 사실 **프레젠테이션 원고를 쓰고 그 연습까지 하는 사람은 의외로 적었습니다.** 일상적으로 하는 일이기에 오히려 소홀히 여기는 면도 있을 테죠. 하지만 이것은 '기획 직종의 함정'이라고 할 수 있습니다. 기획 직종에서 일하는 사람들은 기획서가 완성된 시점에 마음이 풀어져서 이것으로 업무가 끝났다고 생각하기 쉽습니다. 즉, **기획서를 스스로 작성했기에 프레젠테이션 정도는 간단히 할 수 있으리라 생각하는 사람이 꽤 많습니다.** 하지만 인간은 망각의 동물인지라, 조금 시간이 지나면 '어라? 이거 왜 이렇게 쓴 거였지?'라고 생각하는 경우가 생깁니다.

프레젠테이션 원고를 쓰는 것과 프레젠테이션 연습을 하는 것. 당연한 듯 보이지만 이 연습을 했을 때의 효과가 한 가지 있습니다. 자신에게 갑자기 프레젠터 역할이 돌아왔을 때 강점이 된다는 점입니다. 예를 들어 처음부터 기획서나 프레젠테이션의 당사자가 아니라, 갑자기 그 대역을 맡게 된 경우에는 틀림없이 다른 사람보다 능숙하게 이야기할 수 있을 테죠. 왜냐하면 **입말을 통해 이야기**

를 전개하는 비법이 자연스레 몸에 익혀졌기 때문입니다. 즉, 프레젠테이션 원고 작성과 연습을 통해 말하는 기술이 쌓이게 된 것입니다. 따라서 저는 '프레젠테이션 원고를 쓰고 실제로 연습한다'는 기본 중의 기본이 되는 이 작업을 꼭 잊지 말라고 강조하고 싶습니다.

▲ 프레젠테이션 원고 작성과 연습

Check it!

- ☑ 프레젠테이션 원고를 쓰고 실제로 연습까지 하는 사람은 많지 않다.
- ☑ 하지만 이 두 가지를 반복함으로써 프레젠테이션 능력이 현격하게 높아진다.

프레젠테이션 능력을 높이는 기술
'경어체'로 쓴다

POINT 프레젠테이션을 하고 있다고 생각하며 적는다

저는 파워포인트로 기획서를 만들기에, 파워포인트의 페이지 하단 부분의 메모란을 꺼내어 그곳에 프레젠테이션 원고를 적습니다. 원고를 인쇄할 때, 인쇄 옵션에서 [슬라이드 노트]를 선택하면 위에는 기획서, 아래에는 원고가 나옵니다. 물론 워드 등 원고를 쓸 공간이 없는 소프트웨어를 사용하는 분은 다른 곳에 적어도 괜찮습니다. 그렇다면 어떤 어조나 문체로 적으면 좋을까요? 기본적으로는 **지금 프레젠테이션하는 도중이라고 생각하고 현장감 있게 적습니다. 그렇게 하면 프레젠테이션 원고는 경어체가 됩니다.**

예를 들어 제8장에 나올 [동네 서점의 부활을 위한 기획] 271쪽 참조의 사례에서 '오리엔테이션의 확인' 페이지의 원고를 어떤 식으로 썼는지 소개해보죠. 다음 쪽 그림에서 제시하듯이 "우선, 오리엔테이션의 확인과 관련하여, 요즘 매출이 계속해서 감소하고 있는 우리 서점을 다시 키우고 싶다, 어떤 방안을 세우면 좋을까, 였습니다"라고 적습니다. 그리고 그 후에 **"저희도 심각한 과제라고 받아들였습니다"**라고 더했습니다. 그렇게 함으로써 클라이언트의 고민에 깊게 동조하고 있다는 태도가 전해지며, 공감을 얻을 수 있습니다.

☑ 프레젠테이션 원고는 지금 바로 프레젠테이션을 하고 있다고 생각하며 현장감 있게 쓴다.

1. 오리엔테이션의 확인   1

요즘 매출이 계속해서 감소하고 있는
우리 서점을 다시 키우고 싶다
어떤 방안을 세우면 좋을까?

원고

- 우선, 오리엔테이션의 확인과 관련하여, 요즘 매출이 계속해서 감소하고 있는 우리 서점을 다시 키우고 싶다. 어떤 방안을 세우면 좋을까, 였습니다.
- 저희도 심각한 과제라고 받아들였습니다.

▲ 경어체로 쓴다

프레젠테이션 능력을 높이는 기술
원고는 일단 단번에 써보자

POINT 프레젠테이션 시간은 짧다

프레젠테이션 시간은 의외로 짧습니다. 그 짧은 시간 안에 어떤 이야기의 흐름을 만들어 상대방의 마음을 움직이는지가 승부처가 됩니다. 따라서 원고는 일단 단번에 써보길 추천합니다. 제4장 22항 [기획서를 쓰다가 막힐 때: 기획서 작업은 회사 밖에서] 200쪽 참조에서도 권장한 것처럼 비교적 한산한 카페 등 세미 퍼블릭한 장소에서 작성하면 의외로 작업이 원활합니다. 그리고 **일단 다 쓴 다음에 문장 전체를 들여다봅시다.** 단번에 적은 문장이기에 수정할 부분이 군데군데 보일 테죠. 수정할 부분을 찾았다면 곧바로 수정합시다. **어느 정도 제대로 된 문장이 완성됐다면, 프레젠테이션의 핵심에서 언급한 '열의, 프로 의식, 겸허'라는 3가지 자세를 떠올리며, 답을 마지막까지 숨기고 있는가, 말의 연결은 어떠한가를 체크포인트로 삼아 다시 한번 전체를 들여다보세요.** 여기에서 '말의 연결'이 의외로 중요하다는 점을 알 수 있을 것입니다.

Check it!

☑ 원고는 단번에 쓰고, 나중에 고치는 것을 추천한다.

7 - 4 프레젠테이션 능력을 높이는 기술
음성 입력도 테스트해보자

POINT 입력하기에 적당한 환경이 많지 않은 것이 단점이다

최신 스마트폰은 비교적 긴 대사여도 어느 정도 정확히 텍스트로 변환해줍니다. 그래서 저는 프레젠테이션 원고를 음성 입력한 후, 그 후에 다운로드하여 기획서에 적용하는 방법도 종종 이용하곤 합니다. 다만 음성 입력을 시도하기에 적당한 환경이 의외로 적다는 점이 흠입니다. 원고가 술술 써지는 세미 퍼블릭한 장소라고 해도, 음성 입력은 주변의 눈이 신경 쓰여 집중하기 어렵습니다. 반면 자신의 집이나 회사의 회의실 등 주변에 목소리가 들리지 않는 공간에서는 생각보다 집중력이 이어지지 않습니다.

또한 정밀도가 낮기에 반드시 수정 작업이 필요한데, 이 작업이 번거롭다 보니 이럴 바에는 타이핑하는 것이 빠르겠다는 생각이 들기도 합니다. 나아가 입말로 직접 입력하는 문장은 전체로 보면 의외로 앞뒤가 잘 맞지 않는 부분도 많다는 점을 깨닫게 됩니다. 자신의 손으로 문장을 만드는 행위는 변환 단계에서 뇌가 정합성을 체크하기에 논리 정연하지만, 입말이라면 그런 면에서 약할 수밖에 없겠죠. 따라서 기회가 된다면 프레젠테이션 원고를 작성할 때도 음성 입력을 테스트해보길 추천합니다.

Check it!

☑ 원고를 쓸 때는 음성 입력도 테스트해볼 가치가 있다.

프레젠테이션 능력을 높이는 기술
누구를 대상으로 말할지 정한다

POINT 커뮤니케이션의 톤&매너가 달라진다

프레젠테이션의 당사자라면 누구나 이번 프레젠테이션의 상대방 중에 누가 키맨^{Key Man}인지 생각할 것입니다. 이에 따라 톤&매너를 미세하게 바꿈으로써 이야기 전달 방식이 완전히 달라지기도 합니다. 예를 들어 처음 거래하는 상대방이라면, 프레젠테이션 상대가 높은 직위의 사람인지 혹은 현장 담당자인지에 따라서도 톤&매너가 달라집니다. **직위가 높은 사람이라면 프레젠터가 염두에 둬야 할 자세 3가지 중에서도 특히 겸허와 열의가 중요**합니다. 그런 경우, 서두에서 자연스레 자기소개를 하는 것이 효과적입니다. 예를 들어 "다시 한번 인사드립니다. ○○사의 ○○부 과장 ○○이라고 합니다. 오늘 귀중한 시간을 내어주셔서 감사드립니다. 이번 기획 담당으로서 내용을 간단히 설명해드리겠습니다"라는 식입니다.

또한 상대방이 **현장 담당자라면 프로 의식을 자연스레 어필**하는 것이 좋겠죠. 예를 들어 "이번 테마에 관해서는 저희 회사에서 약간의 경험도 있고, 저도 여러차례 관여해왔습니다. 따라서 그와 같은 경험이 다소나마 도움이 된다면 좋겠습니다"라는 식의 말로 시작하거나, 프레젠테이션 내용에 "저희 경험으로 볼 때~"나 "○○에 관해서는 타사에서는 그다지 언급하지 않는 듯하지만~"이라는 말투를 사용하는 식입니다. 나아가 **이미 면식이 있으며 프레젠테이션도 경험한 상대**

에게는 지난 프레젠테이션을 떠올리게 하는 말투를 쓰는 것도 효과적입니다. 예를 들어 "지난번에는 ○○ 건으로 이래저래 신세를 졌습니다. 그 경험을 바탕으로 이번 제안을 생각해봤습니다"라거나 "지난번, 귀사는 이런 점을 중시했기에 이번에 이런 부분을 중시했습니다" 같은 말투입니다.

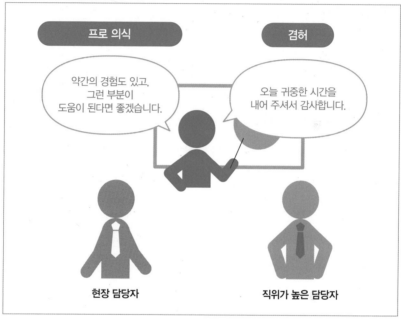

▲ 프레젠테이션 상대가 누구인지에 따라 톤&매너가 달라진다

Check it!

☑ 누구에게 말하는지를 정함으로써 톤&매너가 달라진다.
☑ 약간의 말을 덧붙여서 상대의 마음을 확 사로잡을 수도 있다.

7 - 6

프레젠테이션 능력을 높이는 기술

동료 앞에서 모의 프레젠테이션한다

POINT 특히 프레젠터가 여러 명인 경우에 추천

다음으로 연습 방법에 관한 몇 가지 팁을 설명하겠습니다. 가장 효과적인 것은 기획 팀이나 그 상급자 등을 가상의 상대로 삼아 **그들 앞에서 모의 프레젠테이션을 하고, 정식 프레젠테이션을 하기 전에 지금까지 깨닫지 못했던 결점이나 문제점을 객관적으로 지적해 달라고 하는 것**입니다. 듣는 이들은 클라이언트의 요구 사항을 알고 있는 사람들이기에 그들의 평가나 인상은 큰 참고가 됩니다.

특히 프레젠테이션을 여러 명이 하는 경우에 효과적이며, 각자의 시간 분배가 적절한지, 다음 담당자에게 바통을 넘기는 과정이 자연스러운지를 확인합니다. 이때 자주 벌어지는 일이 있습니다. 바통을 받아든 사람이 마치 최초 단계로 돌아간 것처럼 앞 단계부터 설명을 시작하여 내용이 중복되어 버리는 케이스입니다. 듣는 이 입장에서는 답답하고 지루해집니다. 이래서는 프로 의식이 느껴지지 않겠죠. 반대로 앞선 프레젠터가 설명한 내용과 관련성이 전혀 느껴지지 않아도 문제입니다. **바통을 넘겨받은 프레젠터는 자신이 전체 중에서 어떤 파트를 담당하며, 앞선 단계의 내용을 어떻게 이어받아야 하는지 파악하여 프레젠테이션하는 것이 자연스럽게 진행하는 비결**입니다.

Check it!

- ☑ 동료 앞에서 하는 모의 프레젠테이션에는 다양한 장점이 있다.
- ☑ 특히 여러 명이 바통을 넘겨가며 진행하는 프레젠테이션인 경우에 추천한다.

프레젠테이션 능력을 높이는 기술
지하철에서 연습한다

POINT 원고 없이 자연스럽게 프레젠테이션할 수 있게 된다

동료 앞에서 모의 프레젠테이션을 할 시간적 여유가 없거나, 혼자서 처음부터 끝까지 프레젠테이션을 진행하는 상황일 때는 지하철 연습을 추천합니다. 반드시 지하철에서만 해야 하는 것은 아니고, 목적지로 이동할 때나 산책 등 **할 일이 없어 따분한 시간에 머릿속으로 기획서와 원고를 재현하면서 시뮬레이션하는 것입니다.**

구체적으로는 기획서의 내용을 1페이지씩 순서대로 떠올리면서, 여기에서 무엇을 말할 것인지 원고를 떠올리며 경어체로 중얼거려보는 것입니다. 그렇게 하면, 기획서도 원고도 전부 자신의 머릿속에 놓아둔 상태에서 마치 가공의 프레젠테이션을 진행하는 상황이 되므로, '아, 여기는 이렇게 하는 편이 좋겠네'라고 수많은 수정할 부분이 생각납니다. 그 깨달음에 맞춰서 원고뿐만 아니라 기획서도 수정하면 됩니다. **시뮬레이션 도중에 수정할 부분이 떠올랐다면 곧바로 스마트폰에 메모해둡니다.** 또한 이 작업을 통해 내용이 뇌에 자연스레 각인되므로, 해당 부분에서 말하고자 하는 것을 쉽게 잊어버리지 않게 됩니다. 즉, **원고가 없어도 자연스레 프레젠테이션을 할 수 있게 됩니다.**

Check it!

☑ 할 일이 없어 따분한 시간을 이용해 프레젠테이션을 혼자 시뮬레이션해보자.

프레젠테이션 능력을 높이는 기술
원격 프레젠테이션의 핵심

POINT 더욱 논리적인 프레젠테이션이 필요하다

2020년부터 세계적으로 널리 퍼진 코로나 사태의 영향으로 Zoom을 비롯한 **원격 프레젠테이션**이 빈번하게 이루어지고 있습니다. 저도 몇 번인가 경험했지만, 역시 대면 프레젠테이션과는 다른 접근 방식이 필요하다고 느꼈습니다. 그 핵심으로서 3가지를 들 수 있습니다.

(1) 논리적인 프레젠테이션이 통한다

대면이 아니므로, 당연하지만 눈을 보고 말하는 것도 불가능하며 상대방의 일거수일투족에 반응하면서 프레젠테이션을 할 수도 없습니다. 이것을 반대로 말하면, 프레젠터의 열정도 받는 이에게 전해지기 어렵다는 말이 됩니다. 전술한 프레젠터가 염두에 둬야 할 자세로 든 '열의', '겸허'가 원격 프레젠테이션에서는 그다지 효과를 발휘하지 못하겠죠. 그럴 때 **중요한 것은 역시 논리를 우선하여 설득하는 프레젠테이션**입니다.

(2) 그래프, 차트, 질문을 중간에 넣는다

대면 프레젠테이션에서도 당연히 이 방법은 중요하지만, 여기서는 원격 프레젠테이션이라는 상황 아래서 언급하고자 합니다. 원격 프레젠테이션의 경우, 보통 화면을 슬라이드로 가득 채운 채 진행하므로 화면이 단조로우면 금방 질려버립니다. 따라서 문자뿐 아니라, **그래프나 차트 등의 해석형 요소를 넣어 흥미를**

붙잡거나, 도중에 질문을 넣어 듣는 이로 하여금 계속 자기 일처럼 흥미를 느끼게 하는 장치가 필요합니다.

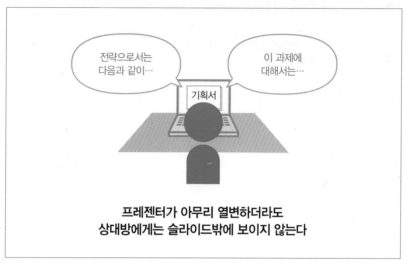

프레젠터가 아무리 열변하더라도
상대방에게는 슬라이드밖에 보이지 않는다

▲ 원격 프레젠테이션에서는 논리적인 프레젠테이션이 통한다

(3) 마지막에 서머리를 준비한다

원격 프레젠테이션에서는 기본적으로 슬라이드 방식으로 한 장 한 장 순서에 따라 설명하게 되므로, 앞 페이지가 어땠는지, 페이지와 페이지가 어떻게 연결되어 있었는지를 듣는 이가 확인하고 싶어도 할 수 없는 상황이 됩니다. 따라서 **프레젠테이션의 마지막에는 전체를 한눈에 볼 수 있게끔 서머리를 더하는 방법을 꼭 사용해보기 바랍니다.** 제4장 16항 187쪽 참조

Check it!

- ☑ 원격 프레젠테이션은 열의나 겸허 같은 온도감이 전해지기 어려우므로 이치에 맞는 프레젠테이션이 필요하다.
- ☑ 마지막에 서머리를 더하면 좋다.

프레젠테이션 능력을 높이는 기술
듣는 이의 집중력은 15~20분

POINT 기획서라면 최대 17~18페이지 정도

프레젠테이션의 의뢰 사항에는 날짜, 장소, 시간의 제약이 따라붙습니다. 어떤 장소에서 하는지는 둘째 치더라도, 몇 분을 쓸 수 있는지 정확히 파악해야 합니다. 즉 **프레젠테이션 시간은 매우 중요**하며, 당연히 그에 따라 방식이나 내용을 바꿔야 합니다. 저는 짧게는 4~5분, 길게는 4~5시간의 프레젠테이션까지 다양한 경험을 해왔지만, **최악의 상황은 키 맨이 꾸벅꾸벅 졸기 시작했을 때**입니다. 그렇게 되면 모처럼 준비한 귀중한 메시지가 상대방에게 아무것도 남지 않게 됩니다. 그렇다면 프레젠테이션 진행을 어떻게 하면 좋을까요?

주의할 점은 듣는 이의 집중력이 의외로 길게 이어지지 않는다는 점입니다. 제 경험을 바탕으로 말하자면 최대 15~20분이 한계입니다. 따라서 15~20분 이내에 전체를 끝내는 것이 이상적입니다. 15~20분 이내라면, **전략 중심의 기획서로 설명할 수 있는 것은 10페이지에서 최대 17~18페이지 정도**입니다. 이보다 짧은 경우라면 더 간단합니다. 무엇을 남기고 무엇을 잘라낼 것인지 정하면 그뿐이니까요. 리본 프레임으로 만든 기획서는 로직이 가시화되어 있으므로, 그 처리 또한 간편합니다. 반면, 이보다 긴 경우에는 테마별로 나눕니다. 즉 **테마와 테마 사이에 어느 정도 틈을 만들고, 듣는 이가 새로운 기분으로 들을 수 있도록 설계합니다.**

질의응답은 프레젠테이션에서 중요한 구성 요소입니다. 왜냐하면 Q&A를 통해서 프레젠터의 제안 취지나 내용이 명확해지기 때문입니다. 임의로 설정할 수 있다면 반드시 마지막에 질의응답 시간도 확보해둡시다. 프레젠테이션 도중에 질의가 들어오면, 어떻게 하더라도 이야기의 맥이 끊기고 산만해지므로, 이런 문제를 피하기 위해서이기도 합니다.

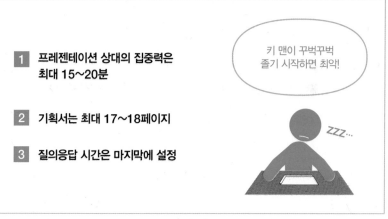

1　프레젠테이션 상대의 집중력은 최대 15~20분

2　기획서는 최대 17~18페이지

3　질의응답 시간은 마지막에 설정

키 맨이 꾸벅꾸벅 졸기 시작하면 최악!

ZZZ...

▲ 시간 관리를 할 때 주의할 점

Check it!

- ☑ 듣는 이의 집중력은 의외로 짧다.
- ☑ 프레젠터가 중간에 바뀌는 경우에는 듣는 이가 그 타이밍에 기분 전환을 하게 프레젠테이션을 구성한다.
- ☑ 시간 제한이 없는 경우라도 질의응답은 마지막에 하는 것이 바람직하다.

지루하지 않은 프레젠테이션
실물을 준비한다

POINT 실물을 보여주거나 만지게 한다

프레젠테이션은 기본적으로 종이나 슬라이드로 진행하므로 어떻게 하더라도 단조로워지기 쉽습니다. 긴 시간 동안 슬라이드를 바라보거나 기획서에 눈을 두고 문장을 쫓다 보면 점점 지치게 됩니다. 그럴 때, **실물을 준비하여 보여주거나 만지게 하는 방법은 단조로운 진행을 방지하는 데 도움이 됩니다.** 가장 알기 쉬운 것은 제안하는 물건의 프로토타입(시제품)입니다. 실제로 무엇을 만든다는 것인지 프레젠테이션 자리에서 선보이는 것입니다.

물론 그렇게 할 수 있는 제안이 아닌 경우도 있고 정밀도의 문제도 있지만, 만약 물건을 준비할 수 있다면 보는 사람의 주의를 환기할 수 있을 뿐 아니라 프레젠터의 열의도 전달하는 양질의 프레젠테이션을 할 수 있습니다. **실물로 보는 사람을 매혹한다는 콘셉트는 의외로 효과적이며, 가령 물건이 아니더라도 제안과 관련된 무언가를 보여주는 방법도 있습니다.**

Check it!

- ☑ 프레젠테이션에 보거나 만질 수 있는 물건을 가지고 오면 효과적이다.
- ☑ 예를 들어 제안하는 물건의 프로토타입이나 그와 관련된 것 등이 있다.

지루하지 않은 프레젠테이션
소비자의 목소리가 담긴 비디오를 준비한다

POINT   이 방법은 어느 나라에서나 통한다

제4장 5항 [기획서의 핵심: 소비자의 목소리는 최고의 설득 방법] 160쪽 참조에서도 말했지만, 여기서는 그것을 직접 활용하는 방법에 대해 설명합니다. 경영자나 클라이언트 모두 고객의 목소리에 매우 큰 관심이 있다는 점은 의문의 여지가 없겠죠. 따라서 **프레젠테이션에서 그것을 가능한 한 직접적으로 보여주는 것이 효과적입니다.** 저는 마케팅 직종이므로 다양한 조사를 경험해왔습니다. 그중에서도 거리 인터뷰, 가정 방문 조사, FGI(포커스 그룹 인터뷰), DI(데스크 인터뷰) 등을 실시했을 때는 **반드시 소비자의 목소리를 2~3분 정도의 비디오로 정리하여 프레젠테이션에서 선보여왔습니다.** 일본뿐 아니라, 유럽, 미국, 중국, 태국, 인도 등 다양한 국가에서 같은 방식을 써왔는데, 어떤 나라에서도 모두 흥미진진하게 지켜봤습니다. 조사 결과를 활용할 때는 보통 표나 그래프로 보여주는 경우가 많죠. 하지만 **프레젠테이션에서는 소비자의 생생한 목소리를 담아 동영상으로 보여주거나 들려주는 방법이 무척 효과적입니다.** 이 방식을 사용하면 논리를 강력히 뒷받침해줄 수 있으며, 동시에 프레젠테이션을 듣는 이로 하여금 질리지 않게 하는 효과가 매우 큽니다.

Check it!

☑ 소비자의 목소리가 담긴 비디오는 모두 흥미진진하게 바라본다. 이 수단을 제대로 이용하자.

지루하지 않은 프레젠테이션
소리와 영상 효과를 활용한다

POINT 약간의 소리 효과로 프레젠테이션에 질리지 않게 한다

프레젠테이션에 소리 효과·영상 효과를 도입하여 보는 사람을 끌어들이는 것, 이는 광고대행사 특유의 방식일지도 모릅니다. 광고물에 관한 프레젠테이션이 많기에 필연적으로 동영상을 보여주게 되며, 그중에서도 제안용 CF를 임시로 편집한 콘티를 보여주곤 합니다. 그렇게까지 하지 않고 종이 콘티로 보여주는 방법도 있지만, 그것만으로는 좀처럼 CF의 내용을 상상하기 어렵습니다. 따라서 **'실제로 동영상으로 만들면 이런 느낌입니다'라고 할 수 있을 만한 것을 만들어 설명을 보강**하는 것입니다. 이 방법을 **프레젠테이션에 활용하는 장점은 역시 문자나 사진 슬라이드에서는 느끼기 어려운 동영상과 음향 특유의 효과**에 있습니다.

예를 들어 저는 이전에 모 치킨 회사의 프레젠테이션을 담당했을 때, 유명 가수의 곡을 사용한 콘티를 만들어 제안하자 단번에 통과했던 적이 있었습니다. 이 때 동영상은 물론이고 해당 BGM이 단번에 와 닿았던 것이 주효했습니다. 소리는 그만큼 큰 효과를 냅니다.

다만 이 책에서 이처럼 손이 많이 가는 것을 만들라고 추천할 생각은 없습니다. 제가 말하고 싶은 것은 **약간의 소리 효과로 프레젠테이션에 질리지 않게 할 수 있다**는 점입니다. 예를 들어 제안의 핵심적인 부분에 왔을 때 그 앞에 약간의 팡파르

를 울린다거나, 대책 제안 시 그 분위기에 어울리는 BGM을 까는 등의 작업을 하면 상대방의 흥미를 불러일으킬 수 있습니다.

Check it!

☑ 프레젠테이션에 적절하게 삽입한 소리와 영상은 그 효과가 뛰어나다.

역전의 프레젠테이션
처음에 결론을 말한다

POINT 경합 프레젠테이션의 마지막 순서일 때 자주 사용하는 방법

제6장 3항 [프레젠테이션의 핵심: 전략을 미리 들키지 않는다] 233쪽 참조와 모순되는 말이지만, 프레젠테이션의 테크닉 중에는 완전히 다른 접근법도 있다는 점을 기억하세요. 결론을 먼저 말하는 것이 어떤 경우에 효과적일까요? 바로 **상대방에게 시간이 없는 경우 혹은 여러 프레젠테이션 등으로 정보가 넘쳐나는 상태일 때**입니다.

회사의 사장님을 떠올려보세요. 매우 바쁘기도 하고 다양한 정보가 넘쳐나는 가운데 프레젠테이션을 듣는 사람입니다. 그런 상대의 머리에 간단하고 강력한 기억을 남기고 싶을 때 효과적인 방법이 바로 이 **'결론 퍼스트'** 논법입니다. 이 방법이 특히 효과적인 경우는 **경합 프레젠테이션에서 마지막 순서에 배정됐을 때**입니다. 프레젠테이션을 듣는 측에서는 전반 부분의 현상 분석에 관해 몇 번이고 같은 이야기를 들은 터라 반쯤 질려 있을 테죠. 그때 여러분이 마지막 순서에 배정되었다면 흔해빠진 이야기는 생략하고, 먼저 결론부터 말하는 것입니다.

이 경우에는 어떻게 말을 시작하는지가 중요합니다. 예를 들어 "사장님도 피곤하실 텐데, 주변의 부속적인 정보는 뒤로 미루고 결론부터 말씀드리겠습니다"라는 말로 프레젠테이션을 시작합니다. 그리고 프레젠테이션은 **결론으로서의 전략, 그 이유, 대책** 순으로 구성합니다. 갑자기 결론부터 들어가기는 하지만, 그 이

유에 대해 간단하게라도 제대로 설명하는 것이 비법입니다. 예를 들어, 전략을 말한 후의 페이지 흐름은 **그 근거 1, 그 근거 2, …처럼 알기 쉽게 항목별로 설명하면서 빼놓지 말고 제대로 설명해나가야 합니다.**

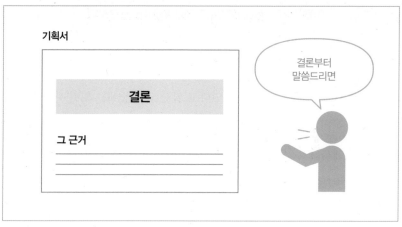

▲ 역전의 프레젠테이션 방법 ①

☑ 때와 경우에 따라서는 '결론 퍼스트'의 프레젠테이션을 추천한다.

7-14

역전의 프레젠테이션
오리엔테이션 뒤집기

오리엔테이션에는 다양한 수준이 있다고 말했죠. 그중에는 의뢰 사항에 과제나 전략이 이미 드러나 있는 경우도 있습니다. 클라이언트도 다양하게 고민해서 그렇게 제시하고 있는 상황이므로, **기본적으로 제안하는 측에서는 그 의뢰 사항의 과제나 전략을 전제로 기획을 생각하고 프레젠테이션을 하는 편이 좋습니다.** 하지만 드물게도 의뢰 사항을 분석한 결과, 제시된 전략이나 전제 설정 자체에 문제가 있으며, 그것을 바꾸는 편이 좋은 케이스도 있습니다. 그럴 때는 **미리 오리엔테이션, 즉 의뢰 사항과 약간 다른 각도의 프레젠테이션이라는 점에 대해 양해를 구한 후에 시작합니다.** 이른바 '오리엔테이션 뒤집기'를 하는 겁니다.

사례를 하나 들어보죠. 한 회사의 신차 출시에 관한 오리엔테이션 문서에는 "메인 타깃인 세단 구입 의향자뿐만 아니라, SUV 구입 의향자도 함께 공략하는 전략 플랜을 생각해주었으면 한다"라고 적혀 있었습니다. 이 부분에 의문이 있었기에 사내에서 논의한 후에 '오리엔테이션 뒤집기'를 하기로 정했습니다. 프레젠테이션의 서두에, "이래저래 분석한 결과, 오리엔테이션의 의뢰 사항과는 약간 다른 과제를 발견했기 때문에 오늘은 그 내용을 프레젠테이션하도록 하겠습니다. 속담에도 있듯이, '두 마리 토끼를 쫓다가 한 마리도 잡지 못한다'라는 원칙 아래 저희는 오리엔테이션을 철저하게 재검토했습니다."라는 말로 시작했습니다. 아래 그림은 그때 사용한 서두 페이지입니다. 이와 같은 프레젠테이션을 하는 경우에는 나름의 결단이 필요합니다. 왜냐하면 클라이언트가 제시한 오리엔테이션 문서는 이미 합의된 사항으로 봐야 하므로, 그것을 뒤집을 때는 **굳이 그렇게 해야 하는 근거와 확신이 준비되어 있어야 하기 때문입니다.** 제 경험으로 보자면, 확실히 고민한 끝에 오리엔테이션 뒤집기를 행한 경우에는 클라이언트도 이해해주는 경우가 많았습니다.

**'두 마리 토끼를 쫓다가 한 마리도 잡지 못한다'라는 면에서
오리엔테이션 뒤집기를 했던 실제 예시 페이지**

두 마리 토끼를 쫓다가 한 마리도 잡지 못하는 전략은
반드시 피해야만 한다

▲ 역전의 프레젠테이션 방법 ②

Check it!

☑ '오리엔테이션 뒤집기'라는 무모한 방법을 쓸 때는 나름의 근거와 확신이 필요하다.

7- 15
마무리까지 확실한 프레젠테이션
질의응답이 어렵다면 어떻게 할까?

POINT 누구나 질의응답은 어렵다

프레젠테이션을 할 때, 질문에 답하는 것이 어려운 사람도 있을 테죠. 그 이유는 프레젠테이션과는 다르게 **즉각 답해야 하기 때문**입니다. 특히 생각도 해보지 않은 각도에서 질문이 날아들거나 하면, 한순간 머릿속이 하얘지고 맙니다. 저도 몇 번이고 경험했습니다. 여기서는 그럴 때 당황하지 않고 어떻게든 헤쳐나가는 팁을 설명합니다.

(1) 예상 문답집을 폭넓게 정리해둔다

제4장 19항 [마무리: 예상 질문과 모범 답안 리스트를 만들자] 195쪽 참조에서 예상 문답집을 미리 준비해두라고 했죠. 의뢰 사항의 포인트나 상대방의 입장 및 습관 등을 바탕으로 **예상 문답을 폭넓게 정리해두면, 갑자기 날아든 질문이 그중 무언가와 관련되어 있을 확률이 높아집니다.** 완전히 같은 질문이 아니더라도 답할 때는 그것을 변형하면 되므로, 생각보다 어렵지 않게 답할 수 있습니다.

(2) 잠시 생각할 시간을 확보한다

질문을 듣는 중에 답이 떠올라 '이렇게 말하자'라고 생각했다고 해도, 곧바로 답하지 말고 어떻게 말할 것인지 머릿속으로 정리한 후에 답하면, 듣는 이에게 '이 사람 똑똑하네'라는 인상을 줄 수 있습니다. 인간의 뇌는 5~6초 정도만 시간이 주어지면 생각을 정리할 수 있습니다.

따라서 **잠시 생각할 시간을 만드는 테크닉을 몸에 익혀두면 편리**합니다. 가장 알기 쉬운 방법은 들은 질문을 반복하는 것입니다. 예를 들어 **"지금 질문하신 것은 ○○ 라는 의미로 받아들여도 좋을까요?"**라고 말을 꺼냄으로써 잠시 생각할 시간을 확보할 수 있습니다.

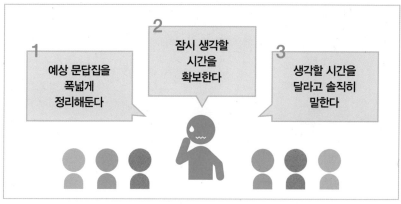

▲ 질의응답이 어려운 경우의 대책

(3) 생각할 시간을 달라고 솔직히 말한다

질문 중에는 완전히 예상 밖이며 전문성을 가지고 답해야만 하는 것도 나옵니다. 그럴 때는 **조금 시간을 달라고 솔직히 말합시다. 이때의 포인트는 "매우 중요한 문제이므로"**처럼 그 이유를 확실히 말하는 것입니다. 그 자리에서 해결할 수 있는 경우에는 다른 몇 개의 질의를 거치는 동안 생각해서 마지막에 답변합니다. 만약 그 자리에서는 알 수 없는 경우라면 "○○에 관해서는 사내의 전문가 의견이 필요하므로 나중에 답변드리겠습니다"라고 말해도 좋습니다. 프레젠테이션의 골자에 관한 질문이 아니거나 대책과 관련한 질문이라 해도 세세한 부분에 관한 것이라면 그렇게 해도 문제가 되지 않을 겁니다.

질의응답에 관해서는 뭐니 뭐니해도 경험을 쌓아나가는 것이 능력 향상에 가장 큰 도움이 됩니다. 거북하다고 무작정 피하지 마세요. 앞에서 말한 3가지를 염두에 두고 프레젠테이션할 때마다 질의응답 시간을 만들어 체험하며 여러분의 피와 살로 만들기 바랍니다.

Check it!

☑ 질의응답에 대응하기 위해 예상 문답을 미리 폭넓게 정리해두는 것이 가장 좋다.

7-16

마무리까지 확실한 프레젠테이션
기획서는 점수로 평가된다

POINT 전략, 대책, 실적의 포인트가 높다

경합 프레젠테이션을 경험한 분도 많으시겠죠. 그 목적은 여러 제안 중에서 가장 좋은 것을 선택하기 위해서입니다. 선택하려면 당연히 기준이 필요하며, 의뢰인 측에서 종종 그 기준과 점수 배분표를 보여주기도 합니다. 이 선정 기준은 당연히 업계에 따라 다양하지만, 크게 분류하면 ① 전략, ② 대책, ③ 실적의 3가지입니다. 이 책의 서두에 좋은 기획서는 전략이 중심이라고 설명했고, 리본 프레임으로 그것을 실천하는 방법론을 소개했습니다. 따라서 여기까지 읽으신 분이라면 ① 전략과 그에 기반한 ② 대책 부분에는 자신 있으리라 믿습니다.

한편, ③ 실적과 관련해서는 제4장 18항 192쪽 참조에서 기획 작성자의 신뢰도를 높이는 페이지를 넣으라고 말했습니다. 따라서 **그 가이드를 제대로 따랐다면 평균점 이상의 기획서가 될 것입니다.**

프레젠테이션이 끝나도 기획서는 남으며, 채택을 위한 토의 재료가 됩니다. 기획서 작업을 마무리하는 단계에서는 이 3가지 기준을 제대로 의식합시다.

	A사	B사	C사	D사
전략				
창의성				
미디어				
판촉				
스태프				
총계				

※ 전략은 10점 만점, 기타는 5점 만점

▲ 광고대행사의 경합 프레젠테이션 채점표의 예

Check it!

☑ 프레젠테이션에서 점수가 높은 부분은 전략, 대책, 실적이다.

마무리까지 확실한 프레젠테이션
다음 기회에 활용할 메모를 남긴다

POINT 프레젠테이션이 끝나면 중요한 깨달음을 잊고 만다

프레젠테이션은 수많은 비즈니스 장면 중에서도 가장 긴장감이 높아지는 장면입니다. 실전을 앞두고는 잘 때든 깨어 있을 때든 프레젠테이션으로 머리가 가득 찰 것이고, 실패하는 일이 없도록 기획서를 몇 번이고 재검토하는 등 준비에 여념이 없습니다. 그렇기에 더더욱 프레젠테이션 직후에는 '그렇게 했으면 좋았을 텐데', '이렇게 했다면 결과가 달라졌을 텐데' 등 다양한 깨달음을 얻게 됩니다. 그 속에서 스태프들 간에 반성을 나누기도 하지만, 시간이 지날수록 자세한 사항은 완전히 잊게 됩니다. 하지만 그중에는 **다음으로 이어지는 중요한 깨달음이나 팁이 포함된 경우도 적지 않습니다.** '이것은 꼭 기억하자'라고 생각했다면 곧바로 메모해둡시다.

■ 기획서가 어떤 평가를 받았는지 피드백 받는다

기획이 채용되지 않은 경우라면 그 이유가 보통 고지되지만, 표면상의 이유만 적혀 있는 경우도 적지 않습니다. 어떤 점이 좋게 평가받고 어떤 점이 평가받지 못했는지, 타사는 어땠는지 등을 가능하면 클라이언트에게 피드백 받아봅시다. 기획에 대한 평가를 상세히 앎으로써 이쪽이 빠뜨리고 있던 부분, 다음에 신경 써야 할 부분을 알게 됩니다.

이렇게 알게 된 사항을 착실히 활용함으로써 다음 기획서 작성의 스킬이 확실히 늘어납니다. 아래 그림은 프레젠테이션 후에 정리한 실제 메모의 예입니다. 참고해주세요.

프레젠테이션을 끝내고

◆ **총괄**
- 전략은 좋았지만, 창의성이 결부되어 있지 않다는 말을 들었다. 현지 스태프와의 대화가 제대로 이뤄지지 않았다는 점을 간파당했다. 이것이 가장 큰 과제다.
- 디지털 전략이 융합되어 있지 않고, 붕 떠 있는 것처럼 느껴진다는 말을 들었다. 아픈 부분을 찔렸다.

◆ **기획서에 대해**
- 비디오로 선보인 소비자의 생생한 목소리 조사는 흥미롭다는 말을 들었다. 이런 방법은 역시 중요하다.
- 전략을 오해하여 받아들인 사람이 여럿 있었다. 키워드에 너무 의존했기 때문으로 보이며, 조금 더 자세히 풀어서 설명하는 편이 좋았을 것 같다.

◆ **프레젠테이션에 대해**
- 순서가 마지막이기에 고객이 지쳐 있었다. 프레젠테이션은 역시 첫 번째로 하는 것이 좋다.
- 현지 취재를 통해 준비한 기념품을 보였더니 모두가 눈을 반짝였다. 리얼하게 실제 접할 수 있는 것을 제시하면 흥미를 이어갈 수 있다.

▲ 프레젠테이션 후의 메모 예

Check it!

☑ 다음 기회에 활용할 깨달음을 메모로 남겨두는 것이 중요하다.

제8장

기획부터
프레젠테이션
원고까지 실전 연습

예시 1   동네 서점의 부활을 위한 기획
예시 2   K시의 지방 활성화 프로젝트

예시 ① 동네 서점의 부활을 위한 기획
표지

○○서점 귀중

**○○서점의
부활을 위한 대책 제안**

202×년 ×월 ×일
주식회사 △△기획

여기부터는 전형적인 기획서의 예를 몇 가지 보여드립니다. 우선 제5장에서 다뤘던 '동네 서점의 부활'을 위한 기획서입니다. 기획서는 이미 완성되어 있으므로, 프레젠테이션 원고를 포함해서 전반적으로 살펴봅시다.

프레젠테이션 원고

- 주식회사 △△기획의 ××입니다.
- 오늘은 귀 서점을 어떻게 재생해나가면 좋을지 제안하도록 하겠습니다.

예시 ① 동네 서점의 부활을 위한 기획
오리엔테이션의 확인

---

1. 오리엔테이션의 확인	1

요즘 매출이 계속해서 감소하고 있는
우리 서점을 다시 키우고 싶다
어떤 방안을 세우면 좋을까?

프레젠테이션 원고

- 먼저 오리엔테이션을 확인하겠습니다.

- '요즘 매출이 계속해서 감소하고 있는 우리 서점을 다시 키우고 싶다. 어떤 방안을 세우면 좋을까?'라는 의뢰였습니다.

- 저희도 심각한 문제라고 받아들였습니다.

예시 ① 동네 서점의 부활을 위한 기획
현상 분석

---

2. 현상 분석   2

[문제점]
- **책을 읽지 않는 사람이 늘었다**
  - → 대학생 절반이 책을 읽지 않는다(20××년 가을 대학생 협의회 조사에서)
- 인터넷으로 책을 사는 사람이 늘었다
  - → 온라인 서점에서 책을 사는 것이 습관이 되었고, 이것이 동네 서점에 큰 영향을 끼치고 있다

[기회]
- **매장을 활기차게 만들어 생존을 도모하는 서점이 있다**
  - → 빌리지 뱅가드는 손으로 쓴 POP로 가게를 꾸미고, B&B는 매일 밤 이벤트를 개최한다
- **서점이 없어지는 것을 애석하게 느끼는 사람도 많다**
  - → 고객의 공감을 불러일으키면 다시 돌아오게 할 가능성도 있다

프레젠테이션 원고

- 우선 현상의 문제점과 기회를 찾아보았습니다. 4가지 포인트가 있습니다.

- 첫 번째로, 매출이 감소하는 원인으로서 책을 읽지 않는 사람이 늘었다는 점을 손꼽을 수 있습니다. 20××년의 대학생 협의회 조사에 의하면, 놀랍게도 대학생 중 절반이 책을 읽지 않는다는 데이터가 있습니다.

- 또 하나의 부진 요인은 책을 인터넷에서 사는 사람이 늘었다는 점입니다. 온라인 서점에서 책을 사는 습관이 퍼져서, 이것이 동네 서점에 큰 영향을 끼치고 있습니다.

- 이와 같은 문제점이 있지만, 기회가 되는 긍정적인 정보도 있습니다.

- 가게를 활기차게 만들어 고객을 계속해서 끌어들이는 데 성공한 서점이 있습니다. 예를 들어 빌리지 뱅가드라는 서점은 손으로 쓴 POP 문구로 고객을 매료하고 있습니다.

- 한편, B&B라는 서점은 매일 밤 토크 이벤트를 열어 고객을 즐겁게 만들고 있습니다.

- 또한 주변을 둘러보니 서점이 사라지는 것을 애석하게 여기는 사람도 많다는 점을 알게 되었습니다.

- 그렇기에 이런 사람들을 어떻게 아군으로 만들면 좋을지, 그 방안을 생각해보기로 했습니다.

예시 ① 동네 서점의 부활을 위한 기획
과제에 대한 접근

---

3. 과제에 대한 접근   3

- 책을 읽는 사람의 감소는 일개 서점에서 해결하기 어렵다(원인 ①)
- 또 하나의 요인 = 고객이 온라인 서점으로 옮겨가는 것을 어떻게든 해결한다 (원인 ②)
  → 다른 서점처럼 어떤 활동을 해서 존재감을 늘림으로써, 이 서점의 과거 단 골을 되돌릴 수 있다면 고객 감소를 해소할 수 있을 것

원인 ①
책을 사서 읽는 사람이 감소함

원인 ②
온라인 서점으로 이탈함

프레젠테이션 원고

- 이번 과제를 생각해 볼 때, 매출 부진의 원인 ①, 즉 책을 읽는 사람의 감소는 일개 서점에서 해결하기는 어렵겠죠.
- 그렇기에 또 하나의 요인, 즉 온라인 서점으로 넘어간 고객을 어떻게든 해결한다는 것으로 과제를 설정했습니다.
- 왜냐하면 다른 서점처럼 어떤 활동을 하여 존재감을 늘림으로써, 이 서점의 과거 단골을 되돌릴 수 있다면 고객 감소를 해결할 수 있기 때문입니다.

예시 ① 동네 서점의 부활을 위한 기획
과제

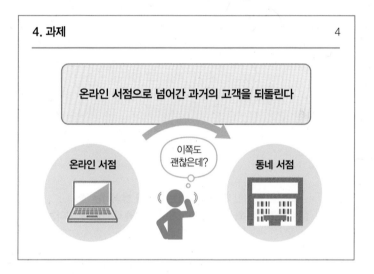

4. 과제   4

온라인 서점으로 넘어간 과거의 고객을 되돌린다

온라인 서점   이쪽도
              괜찮은데?   동네 서점

프레젠테이션 원고

• 따라서 저희는 이번 과제를 '온라인 서점으로 넘어간 과거의 고객을 되돌린다'로 설정
했습니다.

예시 ① 동네 서점의 부활을 위한 기획
전략에 대한 접근

---

5. 전략에 대한 접근 5

그렇다면 온라인 서점으로 넘어간
과거의 고객을 되돌리기 위해서는
어떻게 하면 좋을까?

그것은 온라인 서점에는 없는 강점을 발휘하는 것.
즉, 실제로 가게에 와서 책을 접하거나 점주와 대화할 수 있다는
매장의 강점을 발휘하는 것

`프레젠테이션 원고`

- 그렇다면 온라인 서점으로 넘어간 과거의 고객을 되돌리기 위해서는 어떻게 하면 좋을까요?

- 그것은 온라인 서점에는 없는 장점을 발휘하는 것입니다.

- 온라인 서점에 없는 장점이라고 하면, 실제로 서점에 와서 책을 접하거나, 점주와 대화하거나 하는 것을 말하겠죠. 맞습니다. 현실적인 매장의 장점을 발휘하는 것입니다.

예시 ① 동네 서점의 부활을 위한 기획
전략

---

6. 전략 6

**고객이 기뻐할 이벤트를 열어
동네 서점의 좋은 점을 실감하게 한다**

온라인에는 없는 매장만의 가치란 무엇인가?

그것은 고객이 매장의 책이나 분위기를 직접 접하며 느끼는
마음의 풍족함과 현실감이다.
즉, **체험 이벤트를 열어 매장의 장점을 실감하게 한다**

프레젠테이션 원고

- 따라서 이번 전략은 단도직입적으로 말해 '고객이 기뻐할 이벤트를 열어 동네 서점의 장점을 실감하게 한다'입니다.

- 그 이유는, 온라인에는 없는 매장만의 가치가 무엇인지 새삼 생각해봤을 때, 그것은 고객이 서점의 책이나 분위기를 직접 접하며 느끼는 풍족함과 현실감이기 때문입니다.

- 즉, 체험 이벤트를 열어 매장의 장점을 실감하게 하는 것입니다.

예시 ① 동네 서점의 부활을 위한 기획
대책

---

7. 대책   7

- **작가 강연 사인회**
  - 매장 내 팬 투표로 인기 작가 초청
  - 강연과 저자 사인본 판매를 세트로 구성

서점에서의 사인회 예시 이미지

- **책 설명회(비블리오 배틀)**
  - 점주와 스태프가 추천하는 책을 프레젠테이션 하고, 참가자가 어떤 쪽이 재밌어 보이는지 결정하게 한다

- **카카오톡 채널을 만들어 정기적으로 정보 제공**
  - 이벤트 시 카카오톡 채널에 가입하게 한다
  - 정보 제공을 통해 단골 고객의 지속적인 방문 촉진을 도모한다

비블리오 배틀 예시 이미지

프레젠테이션 원고

- 여기서 저희가 제안하는 대책은 3가지입니다.

- 첫 번째는 작가의 강연 사인회입니다.

- 우선 서점을 방문한 고객에게 어떤 작가가 좋은지 팬 투표를 하게 합니다. 그곳에서 1위를 한 작가를 실제로 불러서 간단한 강연을 하고 동시에 저자 사인본을 판매하는 방안입니다.

- 두 번째는 추천 도서를 해설하는 모임입니다.

- 점주 분과 스태프가 각각 추천하는 책을 골라, 3분 정도의 제한 시간을 두고 책을 판촉하는 프레젠테이션을 하고, 참가자에게 어떤 책이 재밌어 보이는지 정하도록 하는 이벤트입니다.

- 이것을 비블리오 배틀이라고 하는데, 한때 TV에서도 열리기도 했던 재미있는 이벤트입니다.

- 세 번째는 카카오톡 채널을 개설해 여기에 가입하도록 하는 것입니다. 이벤트를 할 때마다 가입자 수를 늘려서, 이 채널을 통해 이벤트 안내뿐만 아니라, 신간 정보 등을 정기적으로 제공해나가는 것입니다.

- 알림을 받은 고객은 애초에 서점에 친근감을 가지고 있기에 분명 방문의 동기 부여가 될 것입니다.

예시 ① 동네 서점의 부활을 위한 기획
대책의 효과

---

8. 대책의 효과 8

- **이벤트 효과**
  - 월 2회 개최, 1회 25명 정도, 객단가 30,000원이라고 치면,
    매출은 150만 원
  - 이벤트 단독으로는 효과가 한정적

  하지만……

- **카카오톡 채널 가입을 통한 방문 촉진 효과**
  - 이벤트를 계기로 책의 입하 정보, 추천 도서 정보 등을 정기적으로 제공하는 것을 전제로
  - 현재, 최고 전성기 대비 70%의 고객 수라고 가정하면,
  - 현 고객의 회전수를 1.2배, 오랫동안 방문하지 않은 고객의 절반이 돌아온다고 치면, 거의 예전 상태로 회복할 수 있다는 계산이 됨

프레젠테이션 원고

- 마지막으로 이번에 제안한 대책의 효과에 관해 설명해 드리겠습니다.

- 우선 이벤트 자체의 매출 공헌에 관해 말씀드리면, 한 달에 두 번 이벤트를 개최하고 1회 당 25명 정도를 모객하여 객단가 3만 원으로 잡으면 월간 150만 원의 매출이 됩니다.

- 객단가가 높기에 이것으로 어느 정도는 매출 감소를 커버할 수 있지만, 이벤트 단독으로는 전부를 보충하긴 어렵습니다.

- 하지만 그 이벤트에서 가입하는 카카오톡 채널을 통한 확장 효과가 있습니다.

- 예를 들어, 이벤트를 계기로 책의 입하 정보, 추천 도서 정보 등을 정기적으로 제공한다는 전제로, 현재 최고 번성기 대비 70%의 고객 수이지만, 현 고객의 회전수를 1.2배,

미방문 고객의 절반이 돌아온다고 보면, 거의 예전 상태로 회복할 수 있다는 계산이 나옵니다.

- 즉, 이벤트 단독 발상이 아니라, 그 이벤트를 통해 고객과 다시 이어져서 고객이 다시 서점에 오게끔 만드는 것이 열쇠라는 생각입니다.

- 이상, ○○서점의 부활 대책에 관한 제안이었습니다.

예시 ② K시의 지방 활성화 프로젝트
실전 연습

여기부터는 **지방 활성화를 위한 기획을 예로 들어 기획 및 발상을 하는 방법**을 소개합니다. 가상의 사례이긴 하지만, 현 시대에 어울리는 주제이며 특히 **최초의 기획 자체가 중요하다는 관점**으로 그것을 어떻게 취급하고 어떻게 발전시키면 좋은지를 이해할 수 있을 것입니다.

우선 **지방 활성화에서 '실효성이 있는 제안이란 어떤 것인가'**라는 마케팅의 발상을 바탕으로 접근했습니다. 페이지 구성은 다음과 같습니다.

구체적인 기획서를 소개하기 전에, 우선 각 기획의 포인트를 기재했습니다. 다음으로는 오리엔테이션의 내용을 소개합니다. 그런 후에 리본 프레임의 작업 프로세스에 따라, 현상 분석, 과제 추출/전략화(로직 3종 세트), 대책을 각각 어떤 관점에서 만들지, 스태프의 대화 형식으로 기재했습니다. 그리고 그 결과, 리본 프레임으로 어떻게 완성되었는지를 나타냈습니다. 이어서 **실제 기획서를 페이지별로 선보이고, 그 아래에 프레젠테이션 원고를 첨부했습니다.** 기획서 내용 중에는 조금 전문적인 해석이나 대책도 포함되어 있지만, 최대한 쉽게 풀어서 설명하고자 노력했습니다.

여기서 예시로 언급한 기획서는 실제 사례를 참고하여 가공한 것임을 알려드립니다.

❶ 이 기획의 포인트
❷ 오리엔테이션의 확인

▼

❸ 현상 분석을 생각하다(대화 형식)
❹ 과제와 전략을 생각하다(대화 형식)
❺ 대책을 생각하다(대화 형식)

▼

❻ 완성된 리본 프레임

▼

❼ 실제 기획서와 프레젠테이션 원고

▲ 기획서 예시 ②의 구성

예시 ② K시의 지방 활성화 프로젝트
포인트와 오리엔테이션

■ 기획의 포인트

286쪽의 그림은 K시의 지방 활성화 프로젝트에 관한 오리엔테이션의 개요가 적힌 문서입니다. 지방 활성화 프로젝트는 전국 각지의 지자체에서 진행하고 있지만, 좀처럼 성공하지 못하고 있습니다. 그런 점은 K시도 인지하고 있으며, 이 오리엔테이션 문서에서는 어떻게든 실효성이 있는 방안을 세우고 싶다는 의지가 엿보입니다. 이 기획의 포인트는 다음과 같습니다.

1. 클라이언트의 마음을 읽는다. 즉, 확실한 경제 효과가 예상되는 전략으로 정리한다
2. 다소 대담하더라도 다른 지자체가 착수하지 않은 마케팅의 최신 흐름을 집어넣는다

또한 SWOT 분석을 제대로 표현하는 법도 참고하시기 바랍니다.

■ 오리엔테이션

아래는 오리엔테이션 문서에서 발췌한 것입니다.

◎ 업무 목적

- K시의 다양한 지역 자원의 매력을 어필하고, 지역 경제를 윤택하게 할 전략적이고 효과적인 지방 활성화 전략을 세우는 것

◎ 업무 내용

(1) 현상 · 과제 분석

- 다양한 데이터를 바탕으로 필요한 요소를 추출하고 분석할 것

(2) 전략 제안

- 골격이 되는 전략을 중시하고, 대책은 개요를 기재할 것
- 대책의 브러시업은 채용된 후에 시와 공동으로 행할 예정

(3) 제안서의 작성 및 프레젠테이션

- 상기를 바탕으로 한 전략과 대책의 제안으로 정리하여 기획서로 제출, 프레젠테이션할 것

K시 지방 활성화 전략 책정 업무 제안 사양서

1. 위탁 업무명
K시 지방 활성화 전략 책정 등 업무

2. 업무 목적
K시에서는 앞으로 지속적인 인구 감소가 예상되는 가운데, 장래에 걸쳐 지역 경제가 유지될 수 있도록 교류 인구의 확대와 이주 촉진 등 다양한 대책이 진행 중임.
이것과는 별도로, K시에서는 다양한 지역 자원의 매력을 어필하고, 지역 경제를 윤택하게 할 전략적이고 효과적인 지방 활성화 전략을 책정하고자 함.
본 업무는 그 기본이 되는 방안, 전략을 모집하는 것임.

3. 업무 내용
① 현상 · 과제 분석
다양한 오픈 데이터를 바탕으로 필요한 요소를 추출하고 분석할 것
② 전략 제안
골격이 되는 전략을 중시하고, 대책은 개요를 기재할 것
대책의 브러시업은 채용된 후에 시와 공동으로 행할 예정
③ 제안서의 작성 및 프레젠테이션
상기를 바탕으로 한 전략과 대책의 제안으로 정리하여 기획서로 제출, 프레젠테이션할 것

4. 스케줄
본 고지로부터 3주 후인 ×월 ×일
다만, 1일 전에 기획서를 PDF 형식으로 송부할 것

5. 기획 제안 참가 요건
다음으로 제시하는 요건을 만족할 것(이하 생략)

▲ 기획의 포인트와 오리엔테이션 문서

예시 ② K시의 지방 활성화 프로젝트
현상 분석을 생각하다

기획 팀이 허심탄회하게 토론했다고 가정하고, 여기서는 특히 현상 분석 파트에서 그 생각의 프로세스를 대화 형식으로 정리해봅니다.

- "지방 활성화는 실패하는 경우가 대부분이죠. 물론 전부라고는 할 수 없지만, 그 요인은 다른 곳을 흉내 내기 급급하다가 끝났다는 점이에요. 예산이 정해져 있어서 진심을 다한 승부를 피해온 탓 아닐까요."
- "맞아요. K시도 겨우 그런 점을 깨닫고 이번에는 골격이 되는 전략을 짜 달라고 말하고 있으니까, 이번에는 경제 효과가 있는 본질이 담긴 제안을 해보죠."
- "첫 번째 시점은, 인구 감소가 계속되고 있는 국내로 시선을 향해서는 안 된다는 점이겠네요. **시야를 세계로 향해야 하겠어요.**"
- "맞아요. DX를 좇는 풍조도 있죠. **그 본질은 떨어져 있어도 이어져 있다는 점. 그것을 전제로 경제를 만들 수 있다는 점**이에요."
- "다행히 K시는 많은 외국인이 방문한 실적이 있어요. K시에는 산, 호수나 벚꽃동산과 같이 유수의 힐링 명소가 있기 때문이죠. 그들과 **온라인상으로라도 계속해서 이어지는 것이 열쇠** 아닐까요."
- "맞아요. 지금까지 외국인이라고 하면, 언어의 장벽 때문에 진심으로 마주하는 직원이 적었죠. 지금이야말로 마주해야 할 것 같네요."
- "AI 번역 기술의 진화 덕에 지금은 순식간에 외국어를 번역할 수 있고, **언어의 장벽을 허물 수 있어요.**"
- "**전 세계적인 D2C**※**의 흐름**이 시작되었어요. K시도 서둘러 그것을 도입해야겠네요."
- "좋아요. 현상 분석에서는 지금 이야기한 흐름을 간략하게 정리하죠."

    ※ D2C란 'Direct to Consumer'의 약자로, 제조자가 직접 소비자와 거래하는 비즈니스 모델이다.

앞의 대화를 간략화하여 아래 그림과 같이 소개해둡니다. 다른 항에서도 마찬가지입니다.

A: "지방 활성화는 다른 곳을 흉내 내서는 안 돼."

B: "경제 효과가 중요해."

C: "국내가 아니라 눈을 세계로 향해야 해."

D: "DX를 좇는 풍조를 이용하자."

C: "다행히 K시는 많은 외국인 방문 실적이 있어."

A: "K시에는 그들을 매료하는 힐링 명소가 있지."

D: "전 세계적인 D2C의 흐름이 시작되었어."

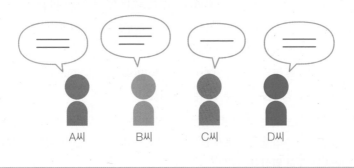

▲ 팀의 대화 모습

예시 ② K시의 지방 활성화 프로젝트
과제와 전략을 생각하다

현상을 논의하는 중에 전략에 대한 방안도 일부 나와 있죠. 여기서는 그것을 어떻게 정리할 것인지, 역시 대화 형식으로 정리합니다.

- "이 기획서는 우선 **과제 설정**이 중요해요. 앞선 논의에서도 나온 것처럼, 시선을 해외로 돌릴 수 있게 환기의 역할을 하는 과제를 설정하죠."
- "로직 3종 세트의 요소로는 'K시를 방문하는 외국인에게 시선을 돌릴 것'과 '그들과 원격으로 이어지는 시스템을 만들고, 거기에 물건을 파는 시스템도 넣을 것', '그 근거로는 전 세계의 DX화 흐름'이겠네요."
- "근거로 드는 DX는 너무 상투적인 단어니까, '**팬 마케팅 방안을 사용한다**'로 바꾸면 어떨까요? 즉, K시에 2번 이상 방문한 사람은 K시의 큰 팬이라고 할 수 있잖아요. 그런 사람들을 향한 팬 마케팅 방안을 실행한다는 것이 근거가 되지 않을까요."
- "맞아요. 로직 3종 세트는 그걸로 가죠."

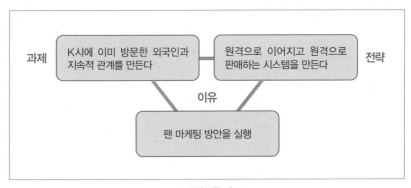

▲ 로직 3종 세트

A: "이 기획서는 과제 설정이 중요해."

B: "시선을 해외로 향하게 하는 역할도 맡게 하자."

C: "과제는 K시를 방문한 외국인과 지속적 관계를 만드는 것."

D: "전략은 그들과 원격으로 이어지는 시스템을 만드는 것."

C: "팬 마케팅의 노하우를 사용하자."

A: "로직 3종 세트는 이걸로 가자."

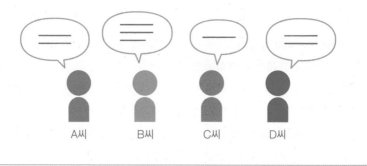

▲ 팀의 대화 모습

예시 ② K시의 지방 활성화 프로젝트
대책을 생각하다

이제 앞선 전략을 바탕으로 어떻게 대책을 정리했는지 대화 형식으로 알아봅시다.

- "전략에는 2가지 요소가 포함되어 있네요. 하나는 K시를 방문한 외국인과 이어지는 시스템, 또 하나는 그들에게 원격으로 물건이나 서비스를 직접 판매하는 시스템을 만드는 것이죠."
- "전자에 관해서는 **다언어 커뮤니티 사이트를 만든다**는 방법이 있어요. K시 홈페이지안에 그들이 언제든 K시와 이어질 수 있는 사이트를 만들죠."
- "이쪽에서 어프로치하는 계기로서 메일 매거진을 만들어 그들에게 접근하여 가입을 촉진하는 것은 어떨까요? 메일 주소는 남아 있을 테니까요."
- "그래요. 이 사이트에서는 K시의 방문 체험을 제대로 떠올리게 합시다. 그리고 대화도 즐기게 해서 다시 방문하고 싶다고 생각하게 만드는 거죠. 버추얼 투어도 좋겠네요. 실제로는 오지 못해도 유사 체험을 할 수 있게 말이죠."
- "또 하나는 K시의 상품을 사고 싶다고 생각하게 만들고, 실제로 결제와 배송을 할 수 있는 환경(온라인 쇼핑몰)을 만들어야겠네요."
- "그에 관해서는 과거에 우리 회사가 서비스를 이용하고 있는 벤더(전문 업자)가 있어요. 비교적 간단하게 구축할 수 있을 거예요."
- "다언어로 판매도 가능할까요?"
- "그들의 부속 서비스로 50개국 언어까지 대응할 수 있어요."
- "무엇을 팔 건지 생각해봐야겠네요. K시의 특산품을 파는 건 기본이지만, 그것만으로는 당연히 잘 팔리지 않을 테니까요. 뭔가 **체험을 떠올리게 하거나, 추억을 증폭시키는 물건을 팔아야겠어요.**"

- "예를 들어 힐링 명소를 본떠 만든 기념품은 어떨까요?"
- "좋을 것 같네요! 벚꽃을 이용한 상품도 만들 수 있지 않을까요?"

A: "대책으로 다언어 커뮤니티 사이트를 만드는 방법이 있어."

B: "메일 매거진으로 가입을 촉진하는 것은 어떨까."

C: "또 하나는 K시의 특산품을 팔 수 있는 환경을 만들어야지."

D: "기존 거래처의 시스템을 사용하면 다언어로 만들 수 있어."

C: "단순히 물건뿐만 아니라 체험을 떠올리게 하는 것을 팔자."

A: "힐링 명소를 본뜬 기념품은 어떨까?'

D: "그거 좋네!"

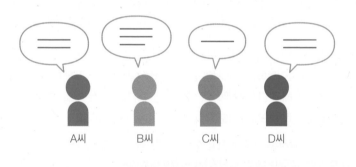

A씨   B씨   C씨   D씨

▲ 팀의 대화 모습

예시 ② K시의 지방 활성화 프로젝트
완성된 리본 프레임

자, 지금까지의 논지를 리본 프레임에 정리하면 다음 쪽에 제시한 그림과 같습니다. 왼쪽의 **현상 분석**은 SWOT 분석을 사용해 각각 간결하게 정리했습니다. 차례대로 다음과 같습니다.

◆ Strength : 힐링 명소로서 풍족한 지역 자원과 이를 통해 많은 외국인이 방문한 실적

◆ Threat : 방문 외국인 수요가 증발했고, 그 리커버리에 목표가 서지 않는다

◆ Weakness : 이주 촉진은 성과를 내고 있지만 경제 실효성이 오르지 않는다

◆ Opportunity : 떨어져 있어도 물건을 거래할 수 있는 세상이 되었다

다음으로 **로직 3종 세트**는 다음과 같습니다.

과제 : K시에 기존 방문한 외국인과 어떻게 지속적 관계를 만들까?

전략 : 원격으로 이어지고 원격으로 판매하는 시스템을 만든다

이유 : 팬 마케팅을 통해 귀속 의식을 조성할 수 있다

마지막으로 **대책**과 관련하여, 2가지 메인 대책으로 정리했습니다. 하나는 커뮤니티 사이트의 구축과 운영으로, 다음과 같습니다.

• K시 오리지널 콘텐츠를 개발하고 상시 업로드

• 메일 매거진으로 타깃에 어프로치하고 정기 발신

• 즉시 번역 시스템으로 모두와 채팅을 즐길 수 있는 시스템으로

• 친구 소개 시스템

두 번째는 글로벌 온라인 쇼핑몰의 구축과 운영으로, 다음과 같습니다.

- K시 독자 특산품, 서비스를 판매
- 구축 · 운용은 폐사 제휴 벤더를 활용
- 힐링 명소 기념품, 벚꽃을 이용한 상품 등 이야기가 느껴지는 물건도 판매

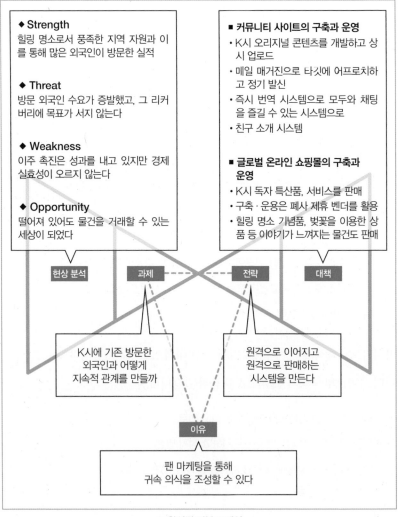

▲ 완성된 리본 프레임

예시 ② K시의 지방 활성화 프로젝트
표지

K시 귀중

K시의 지방 활성화 전략에 관한 제안
실효성을 동반한 대책 설립을 위해

202×년 ×월 ×일
주식회사 ○○상사

여기부터는 완성된 기획서를 프레젠테이션 원고와 함께 소개합니다.

프레젠테이션 원고

- 주식회사 ○○상사의 ××라고 합니다.

- 이렇게 K시의 지방 활성화 전략의 제안에 참가할 기회를 얻게 되어 진심으로 감사드립니다.

- 폐사 또한 다양한 경험을 보유하고 있지만, 이번에는 특별 팀을 편성하여 본 기획을 입안해보았습니다.

- 오늘은 시간 제한도 있으므로, 제안 내용을 간결하게 프레젠테이션하겠으니 잘 부탁드립니다.

예시 ② K시의 지방 활성화 프로젝트
오리엔테이션의 확인

---

1. 오리엔테이션의 확인   1

- **업무 목적**
  - 다양한 지역 자원의 매력을 어필하고, 지역 경제를 윤택하게 할 전략적이고 효과적인 지방 활성화 전략을 책정할 것

- **업무 내용**
  - ① 현상 · 과제 분석
    - 다양한 데이터를 바탕으로 필요한 요소를 추출하고 분석할 것
  - ② 전략 제안
    - 골격이 되는 전략을 중시하고, 대책은 개요를 기재할 것
    - 대책의 브러시업은 채용된 후에 시와 공동으로 행할 예정
  - ③ 제안서의 작성 및 프레젠테이션
    - 상기를 바탕으로 한 전략과 대책의 제안으로 정리하여 기획서로 제출, 프레젠테이션할 것

프레젠테이션 원고

- 우선 오리엔테이션을 확인하겠습니다.

- 업무 목적은 다양한 지역 자원의 매력을 어필하고, 지역 경제를 윤택하게 할 전략적이고 효과적인 지방 활성화 전략을 책정하는 것입니다.

- 업무 내용은 우선 다양한 데이터를 바탕으로 필요한 요소를 추출하고 분석할 것, 그리고 골격이 되는 전략을 중시할 것, 또한 대책의 개요를 기재하여 제안할 것입니다.

예시 ② K시의 지방 활성화 프로젝트
현상 분석 ①

2-1. 현상 분석 ①　　　　　　　　　　　　　　　　2

- 중간 레벨의 관광지(인지도, 체험도는 높다)
- 인구 감소가 계속된다
- 마을에 젊은 사람이 적다
- 구조적인 유출에 고민하고 있다
- 산과 호수, 벚꽃동산 등 자연환경이 풍부하다
- 유명한 힐링 명소로서 인바운드 수요를 높여 왔지만, 코로나 사태 후 수요가 증발했다

고랭지 야채

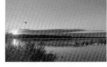
○○호수

프레젠테이션 원고

- 다음으로 K시의 특징을 항목별로 정리해보았습니다.

- 우선 전국 지자체 중에서도 인지도가 높은 관광지이기는 하지만, 10년 연속으로 인구 감소가 이어지고 있습니다. 특히 젊은 층이 적다는 구조적인 문제점을 안고 있습니다.

- 한편, 지역 자원을 살펴보면, 산에 둘러싸이고 호수가 있는 풍부한 자연환경, 고랭지 농산물이 풍부하며, 벚꽃나무 등의 관광 자원도 보유하고 있습니다.

- 최근에는 힐링 명소로 이름이 나서 인바운드 수요도 획득하고 있었지만, 작금의 코로나 사태 이후, 관광 수요가 증발해버린 상태입니다.

예시 ② K시의 지방 활성화 프로젝트
현상 분석 ②

2-2. 현상 분석 ②   3

SWOT 분석을 통한 정리

◆ **Strength(강점)**
- K시의 자연에 둘러싸인 풍부한 지역 자원
- 그중에서도 산과 호수, 벚꽃나무가 있는 전국 굴지의 힐링 명소
- 이들은 지역 활성화를 위한 매우 포지티브한 요소

◆ **Threat(위협)**
- 코로나 이전까지는 많은 외국인이 방문, 막대한 경제 효과를 불러왔다
- 코로나 사태로 인해 이 수요가 전부 사라졌다
- 앞으로의 예측을 봐도, 외국인 방문의 회복은 아직 불투명하다. 지금까지 의 인바운드 수요에는 의지하기 어렵다

프레젠테이션 원고

- 다양한 자료와 조사를 통해 현상 분석의 포인트를 SWOT으로 정리해보았습니다.

- 우선 Strength(강점)는 K시의 산과 호수 같은 지역 자원입니다.

- 그중에서도 벚꽃나무가 유명하며, 지금은 힐링 명소로 이름을 떨치고 있습니다.

- 이들은 지방 활성화를 위해 매우 포지티브한 요소로 파악할 수 있습니다.

- 반면 Threat(위협)를 살펴보면, 코로나 이전까지는 힐링 명소로 이름을 알리며 많은 외국인이 방문하여 막대한 경제 효과를 불러왔지만, 코로나 사태로 인하여 이 수요는 완전히 사라져버렸습니다.

- 앞으로의 예측을 봐도 외국인의 방문은 아직 요원하며, 지금까지의 인바운드 수요에는 의지하기 어려운 것이 실상입니다.

예시 ② K시의 지방 활성화 프로젝트
현상 분석 ③

2-3. 현상 분석 ③　　　　　　　　　　　　　　　　　　　4

◆ **Weakness(약점)**
- 인바운드 수요를 국내 관광객만으로 리커버리하는 것은 현실적으로 어렵다
- 다른 대책으로서 K시의 관계 인구 증가 및 지방 이주의 촉진 실적은 올라가고 있지만, 경제 효과는 한정적. 귀촌 인구가 조금씩 생겨나고 있지만, K시만의 경쟁 우위가 존재하지 않음

◆ **Opportunity(기회)**
- 세계의 디지털화가 빠른 속도로 진전
- 디지털의 의미란 '세계의 어디에 위치하든 정보, 물건을 전달할 수 있다'는 말
- 세계에 D2C의 흐름이 생김
  예) 인터넷 쇼핑몰을 이용하여 중소업자가 세계를 상대로 물건 판매를 시작, 점점 매출이 신장

프레젠테이션 원고

- 이어서 Weakness(약점)인데, 인바운드 수요를 자국민으로 채울 수 있는가 하면, 한계가 있다는 점이 명확합니다.

- 다른 대책으로서 K시와 관계된 인구를 늘리거나 K시로 지방 이주를 촉진하고 있지만, 실적이 오르고 있긴 해도 경제 효과는 한정적입니다.

- 귀촌 인구도 상승하고 있기는 하지만, 전국의 각 지방이 그 대상이므로 K시만의 경쟁 우위는 찾아보기 어렵습니다.

- 이어서 Opportunity(기회)인데, 세계로 눈을 돌리면 디지털화가 빠르게 진행되고 있습니다.

- 이 디지털의 의미를 새삼 생각해보면, '세계의 어디에 위치하든 정보, 물건을 전달할 수 있다'는 말입니다.
- 예를 들어 인터넷 쇼핑몰을 이용해 중소업자가 세계를 상대로 물건을 팔기 시작, 점점 매출을 키우고 있습니다.
- 이것을 D2C(다이렉트 투 컨슈머)라고 하며, 지금 말한 콘셉트를 체현한 움직임이라고 말할 수 있습니다.

예시 ② K시의 지방 활성화 프로젝트
현상 분석 ④

2-3. 현상 분석 ④   5

◆ **Summary(요약)**

• 지방 활성화는 어떤 방안이든 간에 일정 수준의 경제 효과를 동반하는 전략 책정이 전제가 됨

• 인구 감소가 진행 중인 국내가 아니라 세계로 시야를 펼치고, 흐름의 변화를 읽고 어떻게 선수를 칠 것인지가 지방 활성화의 중요한 시점

• K시는 세계인을 매료할 힐링 명소 등의 자원을 보유하고 있으며, 많은 외국인이 방문한 실적이 있음

• 실제로 오지 않아도 IT를 활용하여 원격으로 그들을 고객화할 기회가 있음

프레젠테이션 원고

• 현상 분석을 요약해보겠습니다.

• 지방 활성화가 테마이므로, 어떤 방식으로 접근하든 일정 수준의 경제 효과를 동반하는 전략을 책정해야 한다는 점이 전제가 됩니다.

• 따라서 인구가 감소하는 국내가 아니라, 시야를 세계로 넓혀서 흐름의 변화를 읽고 어떻게 선수를 칠 것인지가 지방 활성화의 중요한 시점이라고 생각합니다.

• 한편 K시에는 세계인을 매료할 힐링 명소와 같은 자원이 있으며, 한때 많은 외국인이 방문한 이력이 있고, 이곳에서 다른 곳에서는 얻기 어려운 체험을 하고 돌아갔습니다.

• 즉, 코로나 사태로 이곳에 실제로 올 수는 없다고 하더라도, IT를 활용하여 그들을 고객화할 기회가 있는 것은 아닌가 생각했습니다.

예시 ② K시의 지방 활성화 프로젝트
과제

---

3. 과제   6

> **K시에 기존에 방문한 외국인과
> 어떻게 지속적 관계를 만들까**

[그 이유]

- 저출산·고령화가 진행되는 국내로 눈을 향하는 것보다, 이미 K시에 흥미가 있는 외국인에게 어프로치하는 편이 경제 효과를 엿볼 수 있음
- 디지털화의 진전으로 인해 리얼에 한하지 않고 버추얼한 관계 구축을 도모하고, 그러한 대처 속에서 비즈니스 기회를 만들어갈 수 있음
- 아직 어느 지자체도 본격적으로 시도하지 않은 상황임. 시급히 대처 체제를 만듦으로써 한발 앞선 지방 활성화로 이어질 것임

프레젠테이션 원고

- 그런 면을 감안하여 이번 과제를 'K시에 기존에 방문한 외국인과 어떻게 지속적 관계를 만들까'로 설정했습니다.

- 그 이유는 저출산·고령화가 진행되는 국내로 눈을 돌리기보다 이미 K시에 흥미가 있는 외국인에게 어프로치하는 편이 경제 효과가 예측된다는 점 때문입니다.

- 나아가 디지털화의 진전 덕에 그야말로 리얼이 아닌 버추얼로 관계 구축을 도모하고, 그렇게 대처하는 가운데 비즈니스 기회를 만들어나가는 것이 가능한 세상이 되었습니다.

- 그리고 아직 어느 지자체도 이런 시야를 바탕으로 한 과제에 대해서는 본격적으로 체제를 갖추지 못한 상황입니다. 따라서 해당 과제를 설정하고, 남들보다 빠르게 대처 체제를 만듦으로써 한발 앞선 지방 활성화로 이어질 수 있다고 생각했습니다.

예시 ② K시의 지방 활성화 프로젝트
전략에 대한 접근

---

4. 전략에 대한 접근   7

> ### 팬 마케팅 방안을 실행한다

- **팬 마케팅이란**
  - 사람들의 취미, 라이프스타일이 점점 다양화·세분화하는 가운데, 정말로 그것을 좋아하는 사람들을 핵으로 삼아 시장을 펼쳐나가는 방안
  - 팬 마케팅의 효과: 팬들은 자기들이 좋아하는 것이므로 가령 시장이 작더라도 그 물건이나 체험에 관한 뜨거운 소문을 확산해줌
    (광고 효과보다 훨씬 효과적으로 정보 전파를 도모할 수 있음)
  - 팬이므로 좋아하는 것과 관련된 상품과 서비스 등의 정기 구입이나 어려운 시기에 매입 지원을 해줌
- **팬 마케팅을 유지할 때의 열쇠**
  - 공통 체험의 공유
  - K시를 좋아하게 된 이유(산과 호수, 벚꽃나무 등의 힐링 명소, 마을 사람들의 환대 등)를 리마인드시키고, 서로를 고양하며 확산시킬 수 있는 커뮤니티를 형성한다

프레젠테이션 원고

- 그렇다면 어떤 방안으로 해외의 고객과 지속적인 관계를 만들지 설명하겠습니다. 단도 직입적으로 말하면 팬 마케팅 방안을 도입, 실행하는 것입니다.

- 팬 마케팅이란 사람들의 취미, 라이프스타일이 점점 다양화·세분화하는 가운데 정말로 그것을 좋아하는 사람들을 핵으로 삼아 시장을 펼쳐나가는 방안입니다.

- 팬 마케팅의 효과를 보면, 팬들은 자기들이 좋아하는 것이므로 가령 시장이 작더라도 그 물건이나 체험에 관한 뜨거운 소문을 확산해준다는 점이 있습니다. 이것은 광고보다도 훨씬 효과적인 정보 전파를 도모할 수 있습니다.

- 또한 팬이므로 좋아하는 것과 관련한 상품과 서비스 등을 정기적으로 구입해주거나 매출 부진으로 곤란을 겪을 때 매입 지원을 해주는 점을 강점으로 꼽을 수 있습니다.

- 그렇다면 이와 같은 팬 마케팅을 유지할 때의 열쇠는 무엇일까요? 바로 공통 체험을 공유하는 것입니다. K사를 좋아하게 된 이유는 많은 산과 호수, 벚꽃나무, 마을 사람들의 환대 등 다양하게 존재할 겁니다. 이것들을 리마인드시키고, 팬들이 서로를 고양하며 확산시키는 커뮤니티를 형성하는 것이 열쇠가 됩니다.

예시 ② K시의 지방 활성화 프로젝트
전략

---

5. 전략 　　　　　　　　　　　　　　　　　　　　　　　8

원격으로 이어지고 원격으로 판매하는 시스템을 만든다

- K시를 기존에 방문한 외국인과의 커뮤니티를 만들 것
- 그리고 그것을 통해 K시만의 특산품·서비스를 제공하고, 경제와 연결해나갈 것
- IT의 힘을 활용하여 그것을 실현할 수 있음
- 그러기 위해서 2개의 인터넷 사이트를 구축함

◇ **커뮤니티 사이트**
- K시의 매력을 증대하는 콘텐츠가 상시 업로드되며, 모두 함께 채팅을 즐길 수 있다. 또한 버추얼 이벤트 등을 개최한다
- 외국어 문제는 즉시 번역 시스템으로 커버한다

◇ **글로벌 온라인 쇼핑몰**
- 커뮤니티 사이트와 연계하면서 K시만의 특산품·서비스를 판매한다
- 판매품으로는 어디에나 있는 특산품만이 아니라, 모두가 좋아할 만한 것, 즉 이야기가 느껴지는 물건을 판매한다

프레젠테이션 원고

- 그럼 K시의 지방 활성화 전략을 말씀드리겠습니다. K시를 방문했던 외국인과 원격으로 이어지고 원격으로 판매하는 시스템을 만드는 것, 바꿔 말해 커뮤니티를 만드는 것입니다.

- 지금 시대에는 IT의 힘을 활용하여 그것을 구현할 수 있습니다.

- 가령 해외에 있더라도 언제든 K시와 접할 수 있는 시스템을 만들고 이 시스템을 통해 K시만의 특산품과 서비스를 제공하여 경제와 연결해나가는 것입니다.

- 그러기 위해 2개의 인터넷 사이트를 구축합니다.

- 하나는 커뮤니티 사이트입니다. 이곳에 오면 K시의 매력을 증폭하는 콘텐츠가 상시 업로드되어 있고, 모두가 함께 채팅을 즐길 수 있습니다. 또한 버추얼 이벤트 등이 개최됩니다.

- 외국어 문제는 즉시 번역 시스템으로 커버할 수 있습니다.

- 또 하나는 글로벌 온라인 쇼핑몰입니다. 여기서는 커뮤니티 사이트와 연계하면서 K시만의 특산품과 서비스를 판매합니다.

- 판매하는 상품으로는 어디에나 있는 평범한 특산품만이 아니라, 모두가 좋아할 만한 것, 즉 이야기가 느껴지는 물건을 판매합니다.

예시 ② K시의 지방 활성화 프로젝트
대책 ①

6-1. 대책 ① 　　　　　　　　　　　　　　　　　　　9

- **커뮤니티 사이트의 구축, 운영**
  - 이미 존재하는 홈페이지를 활용, K시만의 콘텐츠를 개발해 상시 업로드
    예) 'K시의 신비', 'K시의 힐링 명소 돌아보기', 'K시의 벚꽃축제' 등

    커뮤니티 사이트의 이미지

  - 그 일부를 K시를 방문한 사람들에게 메일 매거진으로 어프로치하여 정기 발송
  - 즉시 번역 시스템으로 모두와 채팅을 즐길 수 있는 시스템으로
  - 정기적으로 버추얼 이벤트를 개최
    예) '힐링 명소 버추얼 투어'나 '실시간 벚꽃축제 감상' 등
  - 끊임없이 리마인드시키며 관여해나감으로써 커뮤니티를 활성화
  - K시 방문자를 허브로 삼은 친구 소개 시스템을 만들어 커뮤니티 사이트에 방문하는 사람의 범위를 넓혀나감

프레젠테이션 원고

- 대책에 관해 설명드립니다.

- 우선, 커뮤니티 사이트의 구축과 운영입니다.

- 이미 존재하는 시의 홈페이지를 활용하여 K시만의 콘텐츠를 시의적절하게 개발해서 영어, 중국어, 일본어, 한국어로 상시 업로드합니다.

- 예를 들어 'K시의 신비', K시의 힐링 명소 돌아보기', 'K시의 벚꽃축제' 등입니다.

- 그 일부를 K시를 방문한 사람들에게 메일 매거진으로 어프로치하고 정기 발송합니다.

- 또한 모두가 채팅을 즐길 수 있는 시스템을 구축합니다. 외국어 문제는 즉시 번역 시스템으로 커버합니다.

- 정기적으로 '힐링 명소 버추얼 투어'나 '실시간 벚꽃축제 감상' 등의 버추얼 이벤트를 개최하는 것도 좋을 것입니다.
- 이와 같은 방법으로 그들에게 K시를 리마인드시키며 관여해나감으로써 커뮤니티를 활성화합니다.
- 나아가 K시 방문자를 허브로 삼은 친구 소개 시스템을 만들어, 커뮤니티 사이트를 방문하는 사람의 범위를 넓혀갑니다.

예시 ② K시의 지방 활성화 프로젝트
대책 ②

6-2. 대책 ②   10

■ **글로벌 온라인 쇼핑몰의 구축, 운영**

- 커뮤니티 사이트와 연계하면서 K시만의 특산품 · 서비스를 판매
- 폐사 제휴 벤더를 활용하면 다국어 사이트는 비교적 용이하게 구축 가능
- 벤더의 관련 서비스를 사용하면 적은 노력으로 운용 가능
- 판매품은 특산품뿐만 아니라, 힐링 명소를 본뜬 기념품 등 이야기가 느껴지는 것도 판매
- 예를 들어 버추얼 투어에 참가한 사람들에게 벚꽃잎을 넣은 비누를 판매

글로벌 온라인 쇼핑몰의 이미지

프레젠테이션 원고

- 다음으로 글로벌 온라인 쇼핑몰의 구축과 운영에 관해 설명합니다.

- 여기서는 커뮤니티 사이트와 연계하면서 K시만의 특산품과 서비스를 판매합니다.

- 폐사의 제휴 벤더를 이용하면, 다국어 사이트는 비교적 쉽게 구축할 수 있습니다.

- 문제는 그 운용인데, 이것도 벤더의 관련 서비스를 사용하면 적은 비용과 노력으로 운용할 수 있습니다.

- 판매품은 어디에나 있는 특산품 같은 물건이 아니라, 힐링 명소와 관련된 기념품 등 이야기가 느껴지는 것을 판매하는 것이 포인트입니다.

- 예를 들면, 버추얼 투어에 참가한 사람들에게 벚꽃잎을 넣은 비누를 판매하는 식입니다.

예시 ② K시의 지방 활성화 프로젝트
전체 서머리

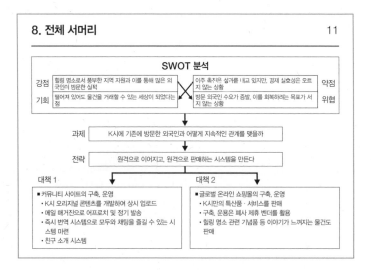

8. 전체 서머리   11

SWOT 분석

강점	힐링 명소로서 풍부한 지역 자원과 이를 통해 많은 외국인이 방문한 실적	이주 촉진은 성과를 내고 있지만, 경제 실효성은 오르지 않는 상황	약점
기회	떨어져 있어도 물건을 거래할 수 있는 세상이 되었다는 점	방문 외국인 수요가 증발, 이를 회복하려는 목표가 서지 않는 상황	위협

과제   K시에 기존에 방문한 외국인과 어떻게 지속적인 관계를 맺을까

전략   원격으로 이어지고, 원격으로 판매하는 시스템을 만든다

대책 1
- ■커뮤니티 사이트의 구축, 운영
  - K시 오리지널 콘텐츠를 개발하여 상시 업로드
  - 메일 매거진으로 어프로치 및 정기 발송
  - 즉시 번역 시스템으로 모두와 채팅을 즐길 수 있는 시스템 마련
  - 친구 소개 시스템

대책 2
- ■글로벌 온라인 쇼핑몰의 구축, 운영
  - K시만의 특산품·서비스를 판매
  - 구축, 운용은 페사 제휴 벤더를 활용
  - 힐링 명소 관련 기념품 등 이야기가 느껴지는 물건도 판매

프레젠테이션 원고

- 마지막으로 이번 제안을 요약해보겠습니다.

- 우선 현상 분석을 SWOT 분석으로 정리했습니다.

- K시의 강점은 힐링 명소로서 풍부한 지역 자원을 보유하고 있고 그에 따라 많은 외국인의 방문 실적을 가지고 있다는 점입니다.

- 하지만 위협으로서 방문 외국인 수요가 증발하였고, 그 리커버리에 목표가 서지 않는다는 점을 꼽았습니다.

- 나아가 약점으로서 이주 촉진은 성과를 내고 있지만, 경제 실효성으로 이어지지 않는다는 점.

- 반면 기회로서, 떨어져 있어도 물건을 거래할 수 있는 세상이 되었다는 점을 꼽았습니다.

- 이런 면을 바탕으로 K시의 과제를 'K시에 기존에 방문한 외국인과 어떻게 지속적인 관계를 맺을까'로 설정하고, 전략을 '원격으로 이어지고, 원격으로 판매하는 시스템을 만든다'로 잡았습니다.

- 구체적인 대책으로는 커뮤니티 사이트의 구축, 운영과 글로벌 온라인 쇼핑몰의 구축, 운영을 제안합니다.

- 이상으로 프레젠테이션을 마칩니다.

✎ Memo

RIBBON
FRAME

덧붙이는 말

정답이 없는 시대에 정답을 만들어내는 능력을 익히자

디지털화와 글로벌화로 인하여 사회 전체가 업그레이드되는 시대를 맞이하고 있습니다. 그 도착지는 누구도 본 적 없는 미래입니다. 우리에게 요구되는 능력도 달라지고 있습니다. AI의 진화로 인하여 비교적 단순한 지적 노동 작업은 AI로 대체되고 있죠. 인류의 역할은 '새로운 지혜의 창조'로 전환되어 나갈 것입니다.

그러한 흐름 가운데, **기획은 비즈니스 스킬의 중심**이 될 것입니다. 비즈니스 스킬이란 논리 세우기와 창조력을 가지고 생각하는 힘, 그것을 바탕으로 비전이나 구상·행동 계획을 세우는 힘, 그리고 이를 통해 타인을 움직이는 힘으로 구성됩니다. 기획, 기획서, 프레젠테이션은 그중 많은 요소를 점하고 있습니다. 그룹 작업도 많으며, 이러한 작업들을 리드해나감으로써 리더십도 갈고닦을 수 있습니다. 우리가 사는 세상은 종신 고용이 무너지고 이직과 복직이 흔한 세상입니다. 이런 시대에 **어디에 가도 통용되는 스킬이 가장 중요하다는 점은 말할 필요도 없겠죠. 기획력은 업계와 업태를 따지지 않는 핵심 스킬입니다.**

그렇다면 진정한 기획력을 갈고닦으려면 어떻게 하면 좋을까요? 그중 하나는 이 책의 서두에도 말씀드린 바와 같이 **겉모양이나 연출보다 알맹이를 만드는 힘을 기르는 것입니다. 이 책에서는 기획서는 전략이 중심이며, 전략 플래닝 능력을 몸에 익히는 것이 가장 중요**하다고 강조했습니다. 동시에 **과제 설정도 중요하다고 강조했습니다. 정답이 없는 시대에는 '좋은 물음'을 제대로 설정하는지에 따라 전략이 좌우되기 때문입니다.** 나아가 이 책은 기획, 기획서, 프레젠테이션을 하나의 몸으로 생각하는 스킬을 강조하는데, 이 작업을 할 때 사고의 전환을 아끼지 않아야 합니다. 요컨대 **그때그때 머리를 써서 고민해봐야 합니다.** 그리고 체험을 더하면 더할수록 이 스킬이 높아질 겁니다.

또 하나는 **끊임없이 배우는 자세입니다.** 즉, 시시때때로 등장하는 새로운 기획 업무에 대해 매번 새로운 마음으로 마주하는 것이 여러분의 뇌를 업그레이드하는 기획력 향상의 훈련도 된다는 점입니다. 그때 필요한 것이 열정입니다. **기획하고, 기획서를 만들고, 프레젠테이션할 때 그것을 일관해서 해내고자 하는 강한 의지가 실은 가장 중요합니다.** 여러분도 이 책을 통해 꼭 이러한 사고 습관을 몸에 익혀서 새로운 시대를 마주해나가시기 바랍니다.

마지막으로 전하는 비장의 힌트

지금은 스피드의 시대입니다. 두꺼운 책은 전부 읽지 않거나 필요한 부분만 읽는 사람도 많지 않나요? 사실 저도 그렇습니다. 한편, 저자 입장에서는 빠뜨리는 부분 없이 전부 적고자 노력했기에 전부 읽어주셨으면 하는 마음으로 가득합니다. 하지만 시대가 시대인 만큼, 이곳만은 반드시 읽었으면 하는 부분을 요약해서 전하는 것도 저자만의 특권이라고 생각합니다. 따라서 **마지막으로 제가 이 책 중에서도 반드시 읽어야 할 부분, 몸에 익혀야 할 포인트를 소개하며 마무리를 갈음할까 합니다.** 316~317쪽에 정리한 '기획서를 가장 쉽고 빠르게 완성하는 방법'과 318~319쪽에 있는 '비장의 힌트 한눈에 보기'를 꼭 기억해주세요.

1. '우선 리본 프레임의 양쪽 끝을 채울 것'입니다.

   - 이것은 리본 프레임의 STEP 1입니다. 기획 작업을 시작할 때 추천한 포인트죠.
   - 제2장 8항 [리본 프레임 STEP 1 현상 분석 ①: 먼저 확산적 사고를 사용한다](102쪽), 제3장 2항 [리본 프레임 STEP 1 현상 분석 ①: 고민을 들었을 때 가장 먼저 하는 일](128쪽) 참조

2. '다음으로 로직 3종 세트를 정할 것'입니다.

   - 이것은 리본 프레임의 STEP 2와 STEP 3입니다. 핵심 중의 핵심 부분입니다.
   - 들어가기 6항 [리본 프레임의 핵심, 로직 3종 세트](30쪽), 제3장 5항 [리본 프레임 STEP 2, 3 과제와 전략: 전략을 정한다](134쪽) 참조

3. '그리고 완성한 리본 프레임의 문구를 일단 기획서에 복사/붙여넣기할 것'입니다.

   - 그 전에 물론 대책의 정밀화는 해두어야겠죠.
   - 제3장 11항 [리본 프레임 STEP 4 대책: 전략에 따른 대책을 다듬어나간다](147쪽), 제5장 1항 [기획서 작성: 완성한 리본 프레임을 복사/붙여넣기](208쪽) 참조

4. '이어서 그것을 바탕으로 프레젠테이션 원고를 먼저 쓸 것'입니다.

   - 실은 이것이 가장 말하고 싶은 점입니다.
   - 제4장 23항 [기획서를 쓰다가 막힐 때: 프레젠테이션 원고를 먼저 쓴다](202쪽) 참조

5. '마지막은 프레젠테이션 원고를 기획서 본문에 복사/붙여넣기하고 다듬을 것'입니다.

   - 처음에 복사/붙여넣기한 리본 프레임의 문구는 일단 삭제해도 좋습니다. 그리고 상기 작업을 한 후, 문장의 간략화, 키워드화 등의 스킬을 사용해 기획서 느낌으로 다듬습니다.

- 제4장 24항 [기획서를 쓰다가 막힐 때: 프레젠테이션 원고를 기획서에 붙여넣기] (204쪽) 참조

이 순서를 기억하면 틀림없이 알맹이가 있는 기획서를 매우 빠르게 만들 수 있을 것입니다.

1　리본 프레임의 양쪽 끝을 채운다

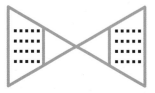

2　로직 3종 세트를 정한다

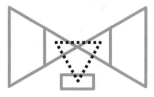

3　완성한 리본 프레임의 문구를 일단 기획서에 복사/붙여넣기한다

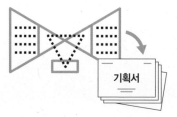

④ 프레젠테이션 원고를 먼저 쓴다

⑤ 프레젠테이션 원고를 기획서 본문에 복사/붙여넣기하고 기획서 문구로 바꾼다

진솔한 서평을 올려주세요!

이 책 또는 이미 읽은 제이펍의 책이 있다면, 장단점을 잘 보여주는 솔직한 서평을 올려주세요.
매월 최대 5건의 우수 서평을 선별하여 원하는 제이펍 도서를 1권씩 드립니다!

- **서평 이벤트 참여 방법**
  - ❶ 제이펍 책을 읽고 자신의 블로그나 SNS, 각 인터넷 서점 리뷰란에 서평을 올린다.
  - ❷ 서평이 작성된 URL과 함께 review@jpub.kr로 메일을 보내 응모한다.

- **서평 당선자 발표**
  매월 첫째 주 제이펍 홈페이지(www.jpub.kr) 및 페이스북(www.facebook.com/jeipub)에 공지하고,
  해당 당선자에게는 메일로 개별 연락을 드립니다.

독자 여러분의 응원과 채찍질을 받아 더 나은 책을 만들 수 있도록 도와주시기 바랍니다.